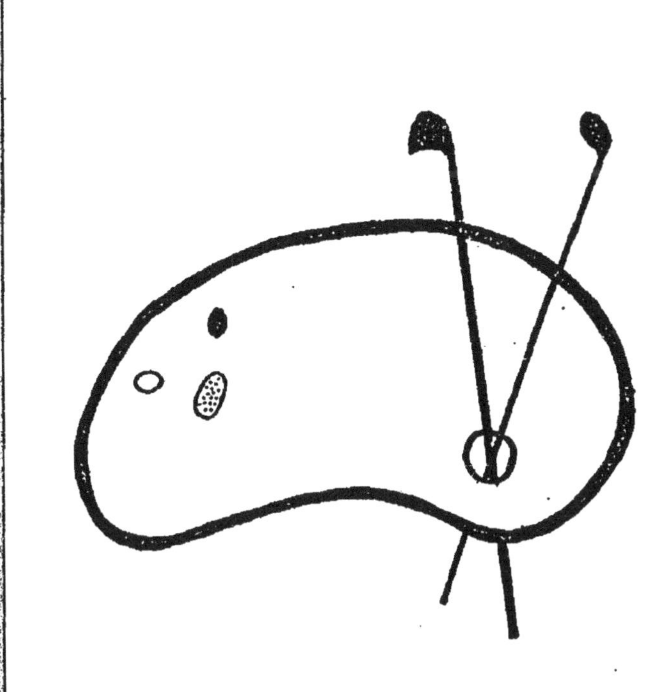

DEBUT D'UNE SERIE DE DOCUMENTS
EN COULEUR

F. MALLET

Qu'est-ce que la Foi ?

BLOUD & Cⁱᵉ

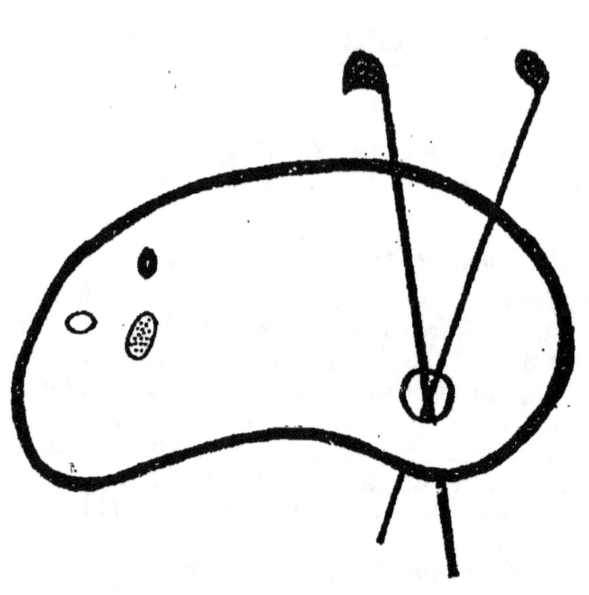

FIN D'UNE SERIE DE DOCUMENTS
EN COULEUR

QU'EST-CE QUE LA FOI?

IMPRIMATUR :

† François, arch. d'Aix.

––––––––––

IMPRIMATUR :

Parisiis, die 12ᵉ Martis 1907

G. Lefebvre,
vic. gen.

QU'EST-CE QUE LA FOI ?

PAR

F. MALLET

Professeur au Collège catholique d'Aix-en-Provence.

PARIS

LIBRAIRIE BLOUD & Cie

4, RUE MADAME, 4

1907

Reproduction et traduction interdites.

MÊME COLLECTION

QU'EST-CE QUE LA FOI?[1]

I

Quels sont, dans l'ordre naturel,
les divers sens du mot Foi?

En son sens primitif et naturel, le mot *foi* éveille l'idée de « fidélité loyale », et, réciproquement, celle de « confiance personnelle et totale » en un ami, en un époux. Consultez les dictionnaires historiques de la langue française ; vous constaterez que cette signification, active et passive, est bien le sens originel et fondamental du mot, et qu'elle a logiquement donné naissance à beaucoup d'acceptions dérivées, mais qui se rapportent toutes à ce thème initial : la confiance, fondée en raison, sans être déduite de raisons(2); la confiance d'âme à âme ; la confiance portant sur le fond de l'être, non pas d'un être quelconque, mais d'une personne morale, que l'on connaît et que l'on estime ; la confiance appuyée sans doute sur l'ex-

(1) Cette étude a été rédigée à l'occasion du concours ouvert en octobre 1905 par la *Revue du Clergé Français* sur la question des rapports de la science et de la foi. Couronné à la suite de ce concours, le mémoire que nous publions a paru dans les numéros des 1ᵉʳ et 15 août 1906 de cette excellente Revue sous le titre : *La Foi et la Science.*

(2) « On ne prouve pas qu'on doit être aimé en exposant d'ordre les causes de l'amour ; cela serait ridicule. » PASCAL, *Pensées*, art. VII, 19.

périence passée, mais anticipant tout l'avenir. Les mots latins *fidere, credere,* évoquent originellement les mêmes idées, qui se retrouvent aussi dans l'expression si française de « bonne foi ».

De cette source ont divergé deux courants : l'un qui retient surtout *le caractère intellectuel et objectif ;* l'autre, *la valeur morale, le sens subjectif, le caractère affectif* de la foi. Suivons rapidement chacun de ces courants ; car nous aurons à montrer que leurs eaux doivent se rejoindre ; et on ne saurait analyser complètement, ni justifier, dans la mesure où il convient de le faire du point de vue de la raison, la foi catholique, si l'on ne commençait par se rendre exactement compte de ce qu'est la foi dans l'ordre naturel.

a) Parmi les sens dérivés du premier courant, le plus important assurément est celui qui se rapporte à la parole, au témoignage, à la connaissance fournie par celui à qui l'on donne sa créance. Car par où, d'ordinaire, entrons-nous en relation précise et instructive avec les autres ? par leurs actes et leur langage. Donc, si j'ai confiance en vous, j'estime d'une part que vous êtes homme de sens, de jugement, de caractère, et que, décidant d'agir ou d'affirmer, vous ne le faites pas à la légère, que *vous ne vous trompez pas ;* j'estime d'autre part que je puis m'en remettre, les yeux fermés mais nullement en aveugle, à ce que vous faites et à ce que vous dites : croyant *en* vous, je crois à ce que vous m'attestez ; je suis assuré que *vous ne me trompez pas ;* j'y mettrais ma tête parce que j'y ai aussi mon cœur. Et ce n'est pas de l'examen de vos paroles ou de la vraisemblance de vos assertions que je remonte à la persuasion, à la conviction même que ni vous ne me trompez, ni vous ne vous trompez ; je procède inversement,

dans la mesure même où j'ai foi en vous : c'est de
mon attitude totale envers vous tout entier, que
j'autorise mon adhésion ferme à votre attestation
particulière.

Comme les théoriciens sont portés, dans leur
œuvre de réflexion et de connaissance, à attacher
une spéciale importance à l'objet de la connaissance et aux données de la réflexion, c'est-à-dire
à ce qui est exprimable en notions et communicable discursivement, il n'est pas surprenant que
leur attention se soit longtemps appliquée presque
exclusivement à ce dernier sens dérivé et restreint
du mot *foi* : comme si le problème scientifique de
la foi se ramenait principalement à la question du
témoignage, à la critique du témoin et à celle des
choses témoignées. D'après cette façon intellectuelle de l'entendre, la foi paraît consister dans
une connaissance par ouï-dire : dès lors, ce qui
semble essentiel, c'est le fait de connaître indirec-
tement ce qu'on ne sait pas directement, et de le
connaître par l'affirmation de quelqu'un qui sait.
Et ainsi, à la *confiance* qui s'adressait à tout l'être
pour l'envelopper d'un général et affectueux dé-
vouement, qui portait parfois sur cela même qu'il
ne sait pas plus que nous, parce qu'il s'agissait
de ces assises profondes du caractère sur lesquelles
se fonde cet abandon de deux amis qui s'aiment
sans donner d'autre explication sinon que « c'est
lui » et que « c'est moi », à la *confiance* se super-
pose la *croyance*, qui vise les données objectives,
l'extension de la connaissance sur tel ou tel point
déterminé. D'où l'on incline aisément à considérer
que l'objet propre de la foi, c'est le *témoignage,*
et non plus le *témoignant.*

Suivons encore plus loin l'évolution logique de
cette notion. Par cela que, du point de vue intel-

lectuel, l'on met l'accent principalement sur le caractère instructif de la foi, l'on en vient à se préoccuper surtout des choses *témoignées*, et l'on tend à tout subordonner à une question de *preuves* : comment établir la vérité des objets à croire ? Au lieu que primitivement la confiance totale que l'on mettait en telle ou telle personne emportait la croyance, c'est la croyance dès lors qui, directement mise en cause, s'analyse et s'achève en confiance. Là, procédé synthétique et démarche largement raisonnable ; ici, procédé analytique et méthode rationnelle : là, foi d'autorité ; ici, plutôt foi de science. D'un côté, on s'attachait au témoignage d'un être véridique en partant de lui ; de l'autre, on s'attache à la vérité d'un témoignage en partant des objets attestés pour en critiquer les preuves indirectes. Ici, on affirme des objets ; là, on se fie à un sujet.

Mais ces deux formes de la foi, où d'ordinaire paraissent prédominer encore l'élément intellectuel et la préoccupation objective (1), n'excluent nullement toutefois l'élément affectif et moral de la foi au témoin, de la confiance indémontrée en un sujet qu'on sait par ailleurs digne d'estime et de créance. Et toujours une analyse attentive et complète remontera à cette origine de toute foi : l'adhésion à un témoignage à cause du témoignant, sous l'influence d'une décision qui, pour être parfois irréfléchie et même irréductible à des

____

(1) Dans ce premier couple, en effet, quel que soit le motif prédominant (crédibilité ou confiance), c'est le caractère instructif de la foi qu'on a en vue ; car il s'agit d'un objet directement connu du témoignant, accidentellement ignoré du témoin, mais d'un objet susceptible d'être su. Dans le second couple, au contraire, nous allons voir la foi porter sur ce qui semble irréductible à la science humaine, aussi bien chez le témoignant que chez le témoin ; et dès lors s'explique la tendance à ne plus s'occuper d'aucune question de témoignage.

arguments en règle, n'en est pas moins raisonnable.

b) Depuis un siècle ou deux cependant, le sens
du mot foi a, dans l'usage philosophique, suivi un
tout autre cours. Considérant non plus l'objet
atteint par la connaissance de foi ni les preuves
du témoignage qui nous le révèle, on s'est attaché
à définir le mode de cette connaissance, le genre
de cette certitude, le caractère subjectif et moral
de cette adhésion. Et perdant peu à peu de vue
les origines d'un mot qui impliquait essentiellement la confiance *en autrui,* l'on est venu à voir
dans la foi l'expression de la confiance aux vérités
intimes et indémontrables qu'on peut tout aussi
bien trouver *en soi.* D'après cette conception,
la foi s'attache donc à ce qui ne saurait être su,
de science, par aucun homme ; à ce qui ne com-
porte pas d'être prouvé et communiqué méthodiquement, universellement ; à ce qui suppose,
pour être affirmé avec conviction, un acte de
volonté qui supplée à l'insuffisance des arguments rationnels : le lecteur reconnaît ici la
doctrine que, sous l'influence de son éducation
protestante et même piétiste, Kant a organisée
en système philosophique, et que le néo-kantisme,
tout en modifiant certains thèmes spéculatifs de
l'idéalisme critique, a reprise et vulgarisée dans
tous ses traits essentiels.

Poussée à ses dernières limites, cette conception, dans la mesure même où elle n'est pas
corrigée par l'autre, oscille entre deux écueils.
— Quel est le premier ? Le voici. Parce qu'elle
semble s'en passer, elle devient facilement exclusive de tout témoignage extérieur, les vérités
indémontrables que je trouve *en moi* étant consi-
dérées comme *venant de moi ;* et c'est le subjecti-

visme. Mais cette conséquence ne s'impose pas, loin de là, et tous ceux qui ont suivi ce courant ne se sont pas laissé entraîner jusqu'à cet abîme ; chez plusieurs de ceux mêmes qui y penchent, l'individualisme de la foi morale est plus apparent que réel. Et le danger de ce subjectivisme est si peu inévitable que, à d'autres époques surtout, les esprits de cette famille sont allés donner contre un autre écueil. — Quel est ce second danger ? C'est de considérer que ces vérités indémontrables que je trouve en moi *ne peuvent venir de moi*, puisque ni moi ni aucune raison individuelle ne peuvent les établir. Et parce qu'on écarte le caractère intellectuel de la croyance au témoignage, parce qu'on supprime de la foi les motifs de crédibilité, on s'en remet passivement à l'autorité d'un enseignement reçu ; et c'est le traditionalisme, l'autre forme du fidéisme.

Ainsi donc, de même que tout à l'heure nous trouvions deux formes antithétiques de la foi envisagée du point de vue intellectuel, nous voyons ici, en nous plaçant aux points extrêmes de l'autre conception de la foi, deux aspects qui paraissent incompatibles : d'un côté, la foi implique qu'on s'en remet passivement et pour ainsi dire aveuglément à une doctrine transmise, à une expérience collective qui échappe à tout contrôle individuel ; d'un autre côté, la foi nous isole dans le secret d'une vérité impersonnelle et mystérieuse et qui, loin de nous arriver par un enseignement étranger, ne se dévoile un peu qu'à l'âme jalouse de la posséder dans l'autonomie de sa volonté. Et n'assistons-nous pas en effet, dans notre civilisation contemporaine, à un double mouvement dont les apparentes contradictions n'empêchent pas le progrès simultané : d'une part, l'importance croissante qui s'attache à toutes les connaissances historiques, à tout ce que nous savons *per modum fidei*, l'intelligence de plus en plus pénétrante des solidarités naturelles et sociales, l'exaltation d'une sorte d'empirisme autoritaire et de positivisme traditionaliste ; d'autre part, un sentiment croissant, lui aussi, de l'originalité spirituelle et de l'inviolabilité de la vie intérieure, une préoccupation souvent maladive de l'indépendance de la conscience individuelle ?

c) Si des multiples analyses qui précèdent et qui avaient pour but de manifester la filiation des acceptions les plus diverses, l'on dégage comme les plus saillants deux des types diagonalement opposés, nous voyons en présence ces conceptions de la foi, qui sont, *sous leur forme exclusive,* aussi peu satisfaisantes l'une que l'autre et que nous allons avoir à subordonner à une conception supérieure :

1° La foi, pour les uns, consiste à se fier, sans vue directe, au témoignage de qui sait, et à se fier par des raisons extrinsèques à ce qui est objectivement affirmé, soit qu'il suffise à ces raisons d'être tout intellectuelles (foi de science), soit qu'elles aient à compter sur le « coup de pouce » de la volonté pour s'en remettre au témoin (foi d'autorité et de tradition).

2° La foi, pour les autres, consiste à affirmer, par des raisons subjectivement suffisantes mais objectivement indémontrables et qui dès lors n'ont rien d'apodictique, des vérités qui n'ont aucun rapport avec un témoignage quelconque, si ce n'est celui de la conscience strictement individuelle ; l'assertion de l'entendement se fonde donc sur un décret de la volonté tel qu'il y a hétérogénéité entre la raison de la science et la raison de la croyance, mais sans qu'intervienne la considération d'une autorité étrangère à l'autonomie morale du sujet.

Or, en ces dernières années, le progrès de la philosophie a semblé lié à l'effort tenté par quelques philosophes catholiques pour reprendre et compléter les uns par les autres tous ces éléments épars et pour réintégrer dans la théorie de la foi, les notions qu'une évolution incomplète ou une pensée fragmentaire laissaient à l'état de thèses exclusives. Ils ont voulu équilibrer le côté intellectuel et le côté volontaire, le caractère personnel et, si l'on peut dire, le caractère altruiste et universaliste de la foi; et, maintenant d'une part la valeur rationnelle, ils ont appelé d'autre part l'attention sur les conditions morales de la libre adhésion; bien plus, ils ont insisté, en traitant de la « certitude morale » et en esquissant les grandes lignes d'un « dogmatisme intégral », sur cet aspect trop longtemps négligé, quoique fondamental : c'est que l'adhésion de foi (même quand il s'agit de la foi morale et d'ailleurs encore tout humaine), suppose qu'on aime la Vérité comme un Etre, qu'on ne la traite pas comme un simple objet d'étude dont on disposerait à son gré, qu'on lui promette de se donner à elle comme à une personne, et qu'on accepte d'avance ses exigences pour mériter de la connaître davantage; dire, ainsi, qu'on ne la pénètre qu'en se laissant pénétrer par elle, qu'elle ne se donne qu'à qui se donne, c'est reprendre le mot célèbre de saint Augustin : *Non intratur in veritatem, nisi per charitatem. Mores perducunt ad intelligentiam. Cum diligitur quod ex quantulacumque parte cognoscitur, ipsa efficitur dilectione ut plenius et melius cognoscatur* (1).

3° En cette acception qui retrouve le sens originel enrichi de tous les apports des analyses philosophiques, le mot *foi* désigne donc le mode le plus normal, le plus vivant, le plus synthétique, le plus humain de la connaissance raisonnable. Croire ainsi (2), ce n'est pas affirmer simplement par des raisons extrinsèques et d'après un témoignage oral ; ce n'est pas non plus attribuer à la volonté le pouvoir arbitral de dépasser l'entendement ; c'est vivifier les raisons démontrables et démonstratives par l'adhésion de tout l'être ; c'est joindre le complément d'un consentement cordial, volontaire et pratique, à l'assentiment raisonnable et rationnel : car il ne s'agit pas seulement d'atteindre et de prouver l'être *ut verum ;* il faut encore, quand on l'a touché par la pointe de la démonstration spéculative, en pénétrer la richesse, en égaler davantage le contenu, le voir, le vouloir et l'épouser, *ut bonum.* Bien plus, on ne peut l'affirmer réellement par l'esprit sans déjà, « par la prière naturelle de l'attention et par l'accueil de la bonne volonté », en accepter la présence, même avant de savoir distinctement ce qu'il est ; et il est si intimement uni à nous, qu'en le repoussant, qu'en lui devenant infidèle, nous commettrions, selon le mot même de l'Écriture, une sorte d'adultère, tant il est vrai que notre foi est engagée par une sorte d'hymen avec la vivante

---

(1) S. Augustin. Tr. *Contra Faustum,* I, xxxii, 4 ; et Tr. *in Joan.,* xviii, 7 ; xcvi, 4.

(2) J'emprunte les pensées qui vont suivre à M. Ollé-Laprune, en me servant du résumé que donne de sa doctrine M. Blondel dans la *Notice* qu'il lui a consacrée *(Annuaire de l'Association des anciens élèves de l'École normale supérieure,* janvier 1899). Les passages entre guillemets sont des textes de M. Ollé-Laprune que M. Blondel cite d'après des notes inédites.

vérité pour laquelle l'âme est faite. Entendue de la sorte, la croyance ne se fonde plus uniquement sur des arguments indirects, ou sur une décision toute subjective ; elle tient en même temps à la nature de l'être réel et à la méthode de notre pensée : car, d'une part, « en avançant dans nos réflexions, nous trouvons que l'être comme tel n'est pas connaissable par pure raison, et que cela ne tient pas à une défaillance de la pensée », soit qu'en lui-même et dans sa plénitude intérieure il dépasse ce que notre connaissance peut définir et égaler (et en effet, aucun de nous ne sait encore tout ce qu'il est, *nondum apparuit quid sumus*), soit que, « l'implicite étant la loi de tout ce qui est vivant, imparfait et fini, il ne puisse pour nous y avoir de connaissance explicite que dans l'abstrait » ; d'autre part, la croyance exprime le procédé naturel et vital, la démarche complète de l'être pensant et agissant « qui va à la vérité avec toute son âme, ξὺν ὅλῃ τῇ ψυχῇ — ce n'est pas dire assez — de l'être qui connaît et s'assimile l'être avec tout son être, esprit, cœur et corps (1) ».

Par cette doctrine qui approfondit et restaure la pleine notion de la foi, nous sommes donc amenés à comprendre la diversité, l'équilibre des éléments qui entrent dans cette forme de la connaissance, forme infiniment plus riche, plus rationnelle, plus réaliste que ne le laissait supposer le rationalisme abstrait. C'est par la foi que, dans les conditions présentes de notre activité raisonnable, nous entrons, si l'on peut dire, dans l'inti-

---

(1) Pour le développement de ces derniers mots, outre le commentaire qu'en donne M. Ollé-Laprune dans *La certitude morale* et dans *La philosophie et le temps présent,* on peut se reporter à *l'Éloge du P. Gratry,* prononcé par lui à Juilly le 8 février 1896 et publié dans la *Quinzaine* du 1ᵉʳ mars 1896.

mité des autres êtres, des êtres considérés non plus comme de simples objets définis par des contours logiques, mais comme des sujets doués eux-mêmes d'intériorité, pleins de virtualités, sources d'action et, à notre égard, principes d'obligations ou titulaires de droits. A plus forte raison s'il s'agit de l'Etre des êtres, de la Cause première, de Dieu, dont la raison prouve et *sait* avec certitude qu'*il est,* on ne saurait se borner à cette affirmation abstraite, ni la traiter comme une idée, comme un objet d'étude : il faut *croire à Dieu,* réel d'une réalité personnelle et intérieure à elle-même, afin de connaître un peu *ce qu'il est* ; il faut *croire en Dieu,* en s'efforçant de nous donner à lui, afin qu'*il soit en nous,* par l'accueil de notre liberté, ce qu'il y est déjà du droit de sa puissance et de sa souveraineté (1).

La foi nous apparaît donc comme une disposition normale, comme la synthèse de nos puissances de connaître, de vouloir et d'aimer, en face des êtres capables eux-mêmes de science et de bonté, et, au degré suprême, en face de Dieu. Et par là se trouvent fondues deux conceptions de la foi aussi différentes et, semblait-il (mais ce n'était qu'une apparence), aussi irréductibles l'une à l'autre que celles dont nous trouvons la formule, par exemple, chez Newman : « La foi est un principe actif qui appréhende des doctrines définies » ; et d'autre part : « Avoir la foi, c'est entrer pratiquement dans le monde invisible, réaliser la pré-

(1) Sur ce caractère à la fois rationnel et réel, sur cette restitution à travers les signes, les faits historiques et les données objectives, de la réalité concrète et vivante et aimante qui est le terme véritable de la foi, cf. *Bulletin de la Société de Philosophie,* deux notes de M. Blondel sur *Dieu* et *Foi,* n° d'août 1904, p. 200 et n° d'août 1906, p. 314. — Cf. également l'article de M. LABERTHONNIÈRE sur le témoignage des martyrs, *Annales de Philosophie Chrétienne,* octobre 1905.

sence de Dieu, attendre sa visite, se rendre à lui, s'abandonner entre ses mains (1). »

Ces vues nous préparent sans doute à une plus claire intelligence de « la foi catholique » ; mais elles en sont tout à fait indépendantes. Et les pages qui vont suivre auront, espère-t-on, pour effet de montrer à quel point l'ordre surnaturel suppose et emploie la nature, tout en demeurant, par rapport à elle, absolument hétérogène et parfaitement gratuit. Sans même que nous les notions, on remarquera facilement les analogies profondes ; nous insisterons donc davantage sur les différences de la foi humaine et de la foi divine et surnaturelle. Et nous commencerons même par nous placer dans l'absolue et transcendante vérité de la Révélation, pour retrouver ensuite les attaches humaines, les fondements rationnels, les conditions morales de la foi. Ce n'est qu'après avoir ainsi procédé *à partir de l'ordre surnaturel* (car, selon le mot du cardinal Dechamps, c'est lui qui vient le premier au-devant de nous), que nous verrons clairement ensuite comment, *à partir de l'ordre naturel*, procède la recherche qui conduit de l'incrédulité à la foi.

(1) Cf. H. Brémond, *Newman*. Essai de biographie psychologique, p. 413.

II

Qu'est-ce que la foi catholique ?

« La foi catholique est celle qui nous fait croire toutes les vérités contenues dans la parole de Dieu écrite ou traditionnelle, en tant que l'Eglise les propose à notre adhésion comme divinement révélées, qu'elle fasse cette proposition par un jugement solennel ou par son magistère ordinaire et universel... Et cette foi, qui est le commencement du salut de l'homme, est une vertu surnaturelle par laquelle, prévenus et aidés de la grâce de Dieu, nous croyons vraies les choses qu'il a révélées, non pas à cause de leur vérité intrinsèque perçue à la lumière naturelle de la raison, mais à cause de l'autorité de Dieu même qui révèle, et qui ne saurait ni être trompé, ni tromper (1). »

Comme le rédacteur du *schema* de la Constitution *de Fide*, rapporteur de la Députation de la Foi, Mgr Konrad Martin l'indiquait, le Concile s'est surtout occupé de la doctrine de la foi « quant aux points que contredisent les erreurs modernes » (2). Dans cette étude rapide, on ne saurait

(1) Concile du Vatican, Constitution dogmatique *de Fide*, chap. III. Les passages cités entre guillemets, sans autre référence, seront traduits de cette Constitution.

(2) Cf. VACANT, *Etudes théologiques sur les Constitutions du Concile du Vatican*, t. II, p. 16.

donc mieux faire que d'examiner, à la lumière des textes conciliaires, ces problèmes essentiels, qui restent aujourd'hui encore les plus discutés. Nous procéderons, comme la Constitution *Dei Filius*, par voie synthétique. — I. Nous examinerons d'abord quel est l'objet de la foi en elle-même. — II. Nous verrons ensuite comment ce divin objet est reçu en nous et quelle est l'analyse, la psychologie de la foi chez le croyant, « afin que l'hommage de sa foi soit toujours d'accord avec la raison », sans qu'il « puisse jamais avoir aucune cause juste de changer cette foi ou de la révoquer en doute » : ce sera l'apologétique confirmative, à l'usage de ceux qui en fait sont déjà dans l'Eglise ou qui par hypothèse s'y placent afin d'en examiner les titres. — III. Nous chercherons en troisième lieu, toujours d'après le Concile qui indique enfin comment il est possible « de satisfaire au devoir d'embrasser la foi véritable », quelles sont les voies normales d'accès « pour ceux qui, conduits d'abord par des données tout humaines, professent une fausse religion » : ce sera là l'esquisse d'une apologétique stimulante et conquérante qui, du haut de la doctrine, descend jusqu'au point de vue de l'ignorance et de l'incrédulité, pour frayer les chemins de la croyance.

1. Quel est l'objet de notre foi, envisagé, si l'on peut dire, dans l'absolu ?

Saint Thomas le définit en ces termes, qu'il va suffire d'analyser : *Objectum fidei est res divina non visa* (1). C'est en examinant, à la lumière de

____

(1) S. Th., III a, q. vii, art. 3. — Cf. II a II æ, q. i, art. 4. — On verra bientôt comment cette définition se justifie même pour les objets qu'il est légitime et utile de distinguer de l'objet essentiel ou principal de la foi : objets *secondaires*, comme ces vérités morales et métaphysiques qui peuvent être connues ou entrevues par la rai-

la Révélation, quelle est cette divine réalité qui échappe à la vue naturelle de la raison, que nous serons préparés à comprendre tout à l'heure l'économie de la foi, son caractère raisonnable, mystérieux et surnaturel tout ensemble.

Cet objet donc est « divin », et cela à un triple titre : 1° *ratione crediti,* 2° *ratione credentis,* 3° *ratione credendi.*

1° Notre foi porte essentiellement sur « la Vérité première » (S. Th., II^a II^æ q. I, art. 1) ; et son objet est l'Etre simple, « incomplexe », transcendant à toute intelligence créée. *Fides est circa simplicem et semper existentem Veritatem,* dit l'Aréopagite (1). Il s'agit, selon les paroles de saint Paul que cite le Concile, de cette « Sagesse de Dieu renfermée dans son mystère, sagesse cachée à tous, que nous découvre seul cet Esprit qui pénètre tout, jusqu'aux profondeurs de Dieu » (I Cor., II, 7, 10). La foi nous révèle donc « le secret du Roi », *etiam profunda Dei.* Sans doute cette vérité transcendante semble, par la condescendance de l'expression où elle s'incarne, rendre humainement communicable quelque chose de l'incommunicable trésor de la divinité. Mais « par leur nature, les divins mystères dépassent tellement l'entendement créé, qu'après avoir été communiqués par la révélation et reçus par la foi, ils restent néanmoins couverts du voile » (2). L'objet propre de notre foi, n'est donc rien de ce qui peut être naturellement connu ou cru ; c'est

---

son ; objets *accidentels,* comme tels ou tels faits évangéliques et contingents qui sont liés à des dogmes et soumis d'autre part à la critique historique.

(1) *Dionysius,* VIII. — Cf. S. Th., II^a , II^æ, q. I, art. 1, et q. VI, art. 1.

(2) Const. *de Fide,* chap. IV.

ce qui, en Dieu même, est l'inaliénable privilège de l'Etre dans sa mystérieuse Trinité.

2° Et la foi est divine aussi *ratione credentis* (1). Car c'est Dieu qui se dévoile, par une initiative toute gratuite, qui s'atteste lui-même en nous et provoque, stimule, aide notre foi ; elle est d'abord un don, et elle ne devient notre œuvre que dans la mesure où nous coopérons à cette action prévenante de la grâce : Dieu nous confie d'abord, *credit,* l'Esprit par lequel nous pourrons nous confier à lui. Il ne faut donc jamais, si l'on peut dire, considérer l'objet de la foi comme un OBJET, pensé, voulu, aimé, dans une sorte de rôle passif ; il faut toujours le regarder comme un SUJET qui nous prévient de son action et ne nous propose ses affirmations que pour se faire affirmer par nous comme il s'affirme lui-même : *Fides non asserit tantum asserta Dei, sed et Asserentem asserit Deum, Credentem credit.* En ce sens pro-

---

(1) Peut-être quelques lecteurs s'étonneront-ils d'entendre, à propos de l'*objet* de la foi, traiter *de ratione credentis* et *de ratione credendi* : leur surprise devra, s'ils veulent bien y réfléchir, leur prouver simplement qu'ils ont de la foi une notion incomplète, et qu'à leur insu ils sont portés à la restreindre aux choses *témoignées,* tandis qu'elle se rapporte au divin *Témoignant* et au caractère surnaturel de notre adhésion à son *témoignage* même. Car ce que nous avons essentiellement à croire, ce ne sont pas seulement telles ou telles vérités objectives *materialiter et sigillatim ;* c'est d'abord l'autorité du Dieu Révélateur *formaliter et summatim ;* c'est le fait que la foi est un don et que même les vérités qui peuvent être déjà affirmées par la raison, le sont par la foi d'une autre manière et avec une tout autre force. Ne voir dans la foi que les enseignements intellectuels ou les « objets », principaux ou secondaires, qu'elle présente à l'esprit, c'est formellement méconnaître « son objet propre » qui est Dieu se révélant et se donnant. Comme l'a justement dit Gratry (*Logique,* II, 212), « le texte venu par l'ouïe n'est pas le principe, le motif, l'objet même de la foi ; le seul principe, le seul motif, le seul objet de la foi, c'est Dieu même. » L'objet *matériel* de la foi, que trop souvent l'on considère comme son principal ou même son seul objet, n'est vraiment atteint, démontré et cru comme il faut, que si l'on adhère plus ou moins explicitement à ce que les théologiens appellent son objet *formel.*

fond, Tauler a pu dire que la foi est l'aube obscure de la lumière par laquelle nous verrons Dieu et qui est la même que celle par laquelle Dieu se voit.

3° La foi est divine *ratione credendi*, parce que l'obligation rigoureuse d'y adhérer et d'en vivre, loin de dériver principalement des dispositions naturelles de la volonté ou des lumières de la raison, qui suffisent pourtant à rendre l'incrédulité inexcusable, dépend essentiellement de « cette illumination et de cette inspiration de l'Esprit-Saint, qui donne à tous la suavité de l'adhésion et de la croyance à la vérité » et qui, « mettant l'homme en état de se soumettre librement à Dieu lui-même », le met aussi dans « le devoir de consentir et de coopérer au don de la grâce » (1).

A ce triple point de vue, l'objet propre de la foi est aussi, selon l'expression de saint Thomas, *res non visa* (2). — Absolument parlant, le mystère

---

(1) Const. *de Fide*, chap. III.

(2) S'il ne fallait se borner à l'essentiel, il conviendrait de traiter ici des vérités qui peuvent être en même temps affirmées par la foi et connues, ou au moins entrevues, par la raison, *res visae* : faits historiques, doctrines métaphysiques, ou même dogmes pour lesquels l'esprit humain n'est pas dénué de toute lumière. Mais, dans tous ces cas différents, il existe une hétérogénéité formelle, relativement aux mêmes objets, entre ce qui est *cru* et ce qui est *vu*. Car la foi, toute fondée sur l'autorité de Dieu, est par là même toujours au-dessus de la portée naturelle de nos facultés : elle pose d'emblée l'assertion totale et absolue ; elle trace le cercle ; la raison, elle, ne décrira jamais que des polygones inscrits. Ce n'est donc point par la connaissance de science qu'on accède à l'assertion totale et absolue ; si l'on présumait d'y atteindre ainsi, il faudrait dire qu'on y tourne le dos, selon le mot de saint Augustin : *quantum propinquaverunt intelligentia, tantum superbia recesserunt.* Même là où les deux sortes de connaissance paraissent se recouvrir et coïncider, il reste vrai de dire que « fides non potest esse de visis » (S. Th., IIa IIæ q. 1, art. 4) et que « de his quæ sunt scita non potest esse fides » (*Ibid.*, 15). Il faut même ajouter avec saint Thomas : « Tunc solum vere Deum cognoscimus, quando ipsum esse *credimus* supra omne id quod de Deo *cogitari* possibile est » (*C. Gent.* I, v, 1).

intime de la vie divine au banquet de laquelle la foi nous convie est inaccessible à toute vue, à toute ambition naturelle de la créature. — L'initiative divine et « les secours intérieurs du Saint-Esprit », qui sont le « principe de la foi et la racine de la justification, » échappent, en tant que tels, entièrement aux prises de la conscience et de la raison. — Et cette foi elle-même, « qui est un don de Dieu alors même qu'elle n'opère point par la charité, et dont l'acte est une œuvre se rapportant au salut », ne tombe pas non plus sous le regard intérieur de l'esprit humain.

Dès lors, un problème surgit : comment sommes-nous élevés à la connaissance de ce mystère ? et puisqu'il ne s'accomplit pas en nous sans nous, quelle coopération l'homme peut-il, doit-il donner à la foi qui lui est commandée ?

II. Il s'agit donc maintenant d'examiner comment le divin objet de la foi est reconnu et reçu par nous, sans qu'en ménageant le passage ou mieux l'union de l'ordre humain à l'ordre transcendant l'on risque de les confondre en quoi que ce soit. Et c'est afin de marquer ce rapport indispensable dans cette hétérogénéité nécessaire, que le mot *surnaturel* doit être précisément employé pour qualifier notre foi : elle institue en effet entre Dieu et l'homme une relation supérieure à toute relation métaphysique normale, puisqu'elle tend à initier la créature au mystère de l'incréé et puisque, en donnant à l'âme de concevoir une telle connaissance, elle pose en elle le germe du salut, elle la rend enceinte de l'œuvre déifiante : *initium salutis humanae fides*. Par où donc cette foi, qu'on vient de montrer si radicalement surnaturelle, assume-t-elle la nature, alors que le surnaturel, comme tel, nous échappe *ratione crediti, ratione credentis, ratione credendi ?*

On va découvrir la réponse à cette triple difficulté en examinant, dans une gradation où nous retrouverons pour ainsi dire en sens inverse et où nous dépasserons tous les éléments que l'analyse de la foi naturelle nous avait fait connaître : 1° le jugement de crédibilité, 2° le jugement de crédentité, 3° la question capitale qu'en langage d'école on nomme la spécification de l'acte surnaturel par l'objet formel de la foi, et dont la solution nous donnera seule le sens plein des mots décisifs, *propter auctoritatem Dei revelantis credimus,* et toute la force du « motif de foi ».

1° *La crédibilité de la foi.* — La nature et la surnature sont incommensurables ; comment peuvent-elles même entrer en contact ? « Tant que nous sommes dans le pèlerinage de cette vie mortelle », nous sommes «enveloppés de nuages », et le divin ne saurait nous être directement perceptible : *Deum nemo vidit unquam* (I JOAN., IV, 12). Qu'on ne dise pas ici que nous avons une connaissance certaine de Dieu par la raison et que notre foi peut trouver un commencement d'appui dans cette notion naturelle : car il s'agit ici de vérités qui sont inaccessibles à toute « vue » humaine ; et dès lors nous ne pouvons, pour justifier notre *croyance* au message surnaturel, invoquer simplement une *confiance* métaphysique au Dieu de la raison. Il faut donc bien qu'interviennent, sous une forme naturellement perceptible, des marques spéciales du dessein surnaturel de Dieu et de son action par elle-même mystérieuse, de sa bonté pour ainsi dire anormale. La dérogation que la grâce apporte invisiblement à l'ordre métaphysique en faisant de l'homme esclave et pécheur l'enfant de Dieu, le racheté du Christ, s'exprime analogiquement par une dérogation visible dans le monde physique et moral : en cet ordre nous ne pouvons simplement aller, comme on a montré que c'était possible pour la foi humaine, du témoignant au témoigné ; il faut encore partir des marques perceptibles, des données particulières, « des preuves extérieures de la Révélation », pour remonter au Témoin de l'Eternité, au divin Auteur de notre foi.

L'action surnaturelle, en tant que telle, ne saurait donc se faire reconnaître et dénommer expressément que par des *signes*, c'est-à-dire par des faits qui tombent sous nos prises et qui, en même temps, excèdent manifestement les forces de la nature ; par des *signes*, c'est-à-dire encore par des faits qui ont un sens, qui se rapportent à l'invisible intention de leur auteur, dont l'interprétation s'impose à toute âme droite « en montrant abondamment la toute-puissance et la science infinie de Dieu ». Par celui de leur côté qui les fait entrer dans le déterminisme de la nature comme par celui par lequel ils y échappent, ces signes s'imposant à la perception, sont donc « très certains et appropriés à l'intelligence de tous ».

De ces « faits divins », les plus éclatants sont les prophéties et les miracles de l'Ancien et du Nouveau Testament ; ce sont toutes les œuvres du Sauveur, dont il a dit lui-même : *Operibus credite* ; et c'est surtout l'*Eglise*, qui est par excellence l'œuvre de son amour, c'est le miracle permanent qu'elle offre au monde et qu'elle perpétue au cœur de ses fidèles « par son admirable propagation, par sa sainteté éminente et son inépuisable fécondité en toute espèce de biens, par son unité et son invincible stabilité », par l'effet visible de ses sacrements et de la présence invisible de

la grâce dans les âmes. Et de toutes les considé-
rations qui vont suivre on pourrait encore tirer
des motifs de crédibilité ; car les raisons internes
de croire, que nous envisagerons bientôt d'un
autre point de vue, peuvent et doivent même, en
un sens, se joindre aux « preuves extérieures »,
de même que celles-ci « se joignent *cum internis
Spiritus Sancti auxiliis* ».

Quel est le rôle, quelles sont les limites de la
portée de ces motifs de crédibilité ? — Ils sont
indispensables pour nous donner la conscience du
don de Dieu et pour justifier au regard de la raison
la certitude de la Révélation, *ut fidei nostrae
obsequium rationi consentaneum sit*. Ils ne nous
mettent pas en possession de la foi, mais ils servent à montrer que la foi est en état de se discerner de la nature et de se faire approuver de la
raison ; c'est le sens du texte célèbre : *Non cre-
derem nisi viderem esse credendum* (1). D'abord,
« pour ceux mêmes qui par un don céleste ont
adhéré à la vérité catholique sous le magistère
de l'Eglise » comme par une tradition spontanée
de famille, ils trouvent dans ces motifs toutes les
raisons naturelles de maintenir leur adhésion,
sans cause juste de doute. Quant à ceux qui ne
croient pas, si sincèrement ils se placent, par
hypothèse, au point de vue de la foi qu'ils exami-
nent, ils découvriront naturellement dans ces
arguments des lumières capables de les rendre
naturellement inexcusables de refouler les solli-
citations intimes de Dieu. Oui, l'examen des
motifs de crédibilité nous mène à cette conclusion
naturelle que « Dieu a parlé » et que l'Eglise est

______

(1) S. Th., IIa IIæ, q. I, art. 4, ad 2ᵐ.

en possession de la Révélation divine. Oui, la foi catholique peut raisonnablement être crue, elle est *croyable*. CREDIBILE.

Mais qu'est-ce qui fait qu'elle *doit être crue*, et quel est le ressort de l'adhésion surnaturelle qui nous est rigoureusement demandée ? CREDENDUM.

2° *Le jugement de crédentité.* — Ici surgit un problème très important et très délicat : pour juger, non plus seulement qu'il est *raisonnable* mais qu'il est *obligatoire* de croire, où puiserons-nous les raisons, les causes de cette détermination morale, qui ne doit être ni aveugle ni exclusivement logique afin que notre assentiment soit celui qui est réclamé pour *croire* en catholique ? Est-ce que la foi pourra se formuler en ces termes : « Je crois parce que, dans ma foi même, gardant les yeux ouverts, je *vois* que Dieu l'a dit, et parce que je *sais* d'ailleurs que ce que Dieu dit est vrai », et la foi se ramène-t-elle à une foi de science ? Ou bien, faudra-t-il dire : « Dieu l'a dit, j'obéis les yeux fermés », sans que la science des motifs de crédibilité entre dans cet acte d'obéissance comme son motif intrinsèque ; et la foi se ramène-t-elle à une foi de simple autorité ? (1) — Peut-être, malgré l'apparente contradiction de ces thèses que d'un point de vue trop uniquement intellectuel on ne semble guère en état de concilier, pourrons-nous retenir la part de vérité que renferment l'une et l'autre, en étudiant les <u>motifs</u> propres de la volonté et en définissant en son vrai sens l'*autorité* du témoignage divin en même temps que le caractère *surnaturel* de l'adhésion qui y est due.

De l'avis commun, il ne suffit pas de voir qu'il

______

(1) Cf. BAINVEL, *La foi et l'acte de foi*, p. 44.

est raisonnable de croire, pour avoir la foi ; il est encore nécessaire que la volonté intervienne : *intellectus movetur voluntate ad assentiendum* (S. Th. II^a II^æ, q. iv, art. 2) ; et c'est même en cet acte indispensable de la libre volonté, *ex imperio voluntatis*, que consiste essentiellement la nature et le mérite de la foi ; *credere in voluntate credentium consistit; assensus est principalis actus fidei* (S. Th. II^a II^æ q. vi, a. 1, ad 3). Si tout à l'heure, pour préparer ou confirmer la croyance, les motifs de crédibilité semblaient avoir le pas, ici, où il s'agit de découvrir le ressort qui met en branle le mouvement réel de l'âme croyante, il faut convenir que l'énergie initiale se puise, non dans la force de l'entendement, mais dans la décision du vouloir : *principalis et propria causa fidei est id quod interius movet ad assentiendum* (II^a II^æ, q. vi, art. 3); *in cognitione fidei principalitatem habet voluntas* (*S. contra Gentiles*, iii, 40). L'homme qui croit se soumet librement à une grâce qu'il pourrait repousser et à des motifs qui par eux seuls ne suffisent jamais à le déterminer. Jusqu'ici, aucune difficulté.

Mais puisque dans l'acte de foi l'intelligence est principalement mue par la volonté, au lieu que d'ordinaire, dans les décisions réfléchies, c'est la volonté qui est mue par l'intelligence, la question est de savoir d'où la volonté elle-même tire ce qu'il lui faut de lumière et de force pour jouer raisonnablement ce rôle de direction.

Dira-t-on qu'elle se contente d'emprunter aux motifs intellectuels la conclusion qu'ils peuvent fournir afin de conférer à cette conclusion même l'investiture et la force exécutoire de son *imperium* souverain ? Mais alors, de deux choses l'une : ou cette décision n'aura pas plus de force que les motifs d'ordre intellectuel ; et il faudra dire que ces motifs, si l'on veut que la foi reste libre, ne déterminent qu'un jugement de convenance et de prudence ; on ne rendra pas compte de l'obligation stricte d'adhérer à la foi, et d'y adhérer avec une certitude supérieure à toute autre ; — ou bien il faudrait admettre que la foi est, pour ceux qui savent, la simple ratification d'une évidence, indirecte sans doute, mais déterminante. Or, de part et d'autre, on aboutit à des thèses condamnées. Et puisque Innocent XI a proscrit cette proposition : « *Voluntas non potest efficere ut assensus fidei in seipso sit magis firmus quam mereatur pondus rationum ad assensum impellentium* » (DENZINGER, *Enchiridion*, 1036), c'est donc que, à côté des *motifs intellectuels*, et à un autre degré, pour une autre fonction, se trouvent des motifs qui contribuent à expliquer, à susciter l'obligation où nous sommes de croire, les *motifs propres de la volonté* (1). Que le lecteur veuille bien être attentif à ce point capital, d'autant qu'il est plus difficile à saisir et plus communément méconnu.

Sur quoi se fonde le jugement de crédentité ? Objectivement, sur le décret positif de Dieu qui

---

(1) Sans qu'il soit nécessaire ou même possible de l'indiquer en cet exposé qui doit garder son caractère positif et direct, on s'apercevra aisément par la suite que notre solution, tenant compte aussi bien des thèses du cardinal de Lugo et de ses partisans que de celles de Suarez ou du cardinal Mazzella, profitant des récents travaux sur la psychologie de la foi et sur la philosophie de l'action, utilisant les analyses de Newman et les ouvrages du cardinal Dechamps, surtout prenant dans la plénitude de leur sens les textes de saint Thomas et les enseignements souverains de la Constitution *de Fide*, cherche à faire évanouir des difficultés que laissait inévitablement subsister un examen trop exclusivement intellectuel du problème, sans que d'ailleurs nous cessions un seul instant de montrer ce qu'il y a de raisonnable et même de rationnel dans la foi.

nous prescrit de croire aux vérités révélées ; mais, si l'on se place au point de vue de celui qui a le devoir de croire, c'est précisément ce décret qui est d'abord à croire. Qu'on ne dise pas que son existence est suffisamment établie par les motifs de crédibilité ; ce serait, par un détour, revenir en arrière et, par une sorte de pétition de principe, donner le problème même pour la solution. Non, l'obligation de croire, fondée *en soi* sur l'autorité du Dieu révélateur, n'est fondée *en nous* ni sur la connaissance de l'objet à croire, ni sur la connaissance des raisons que nous avons de croire à un objet révélé. Non, le rôle de la volonté n'est pas réduit à cette naïveté que « puisque Dieu a parlé, il faut le croire » ; ce rôle est infiniment plus complexe et plus profond : il contribue à justifier et à surnaturaliser l'aveu même que Dieu a parlé. Non, il ne suffit pas ici d'invoquer le décret positif de Dieu, quoique ce soit en effet la raison dernière et le vrai fondement objectif du jugement de crédentité ; car la question préalable et essentielle à résoudre est celle-ci : « ce décret, qu'est-ce qui *m'oblige* à croire volontairement qu'il existe et qu'est-ce qui confère à cette foi volontaire un caractère surnaturel ? » Il s'agit donc, non de ce qui lie la foi à son objet, mais de ce qui lie le sujet à la foi, de ce qui fonde la crédentité, non en elle-même, mais en nous. Et on verra bientôt que c'est par ces motifs propres de la volonté, non par les motifs de crédibilité, que s'introduit en effet le caractère spécifiquement surnaturel de l'acte de foi. On ne saurait donc trop insister sur leur importance.

Mais quels sont-ils ? comment peut-il y avoir de tels motifs ? quel rôle jouent-ils au juste ? C'est ce qu'il faut indiquer, au moins brièvement, si l'on veut, sous le terme abstrait de crédentité qui comme tel reste inerte, rejoindre une vérité vraiment concrète et active.

La volonté, en effet, n'est pas une puissance nue, pas plus qu'un mouvement aveugle de l'âme. Elle ne se borne pas à voir par les yeux de l'entendement, mais l'entendement voit aussi par ses tendances et ses actes : à côté des *idées intellectuelles* qui traduisent les réalités extérieures dont la connaissance sensible a été le véhicule, il y a, peut-on dire, les *idées de l'action* qui traduisent à la conscience les réalités intimes dont l'usage même de la liberté nous met en possession. Saint Thomas l'a profondément remarqué : si d'un côté l'intelligence réfléchie propose à la volonté des buts distincts et des objets désirables en montrant la vérité qui est au fond de la hiérarchie des devoirs, inversement la volonté propose spontanément à l'intelligence ses aspirations, ses tendances, ses raisons, *bona sub specie veri ;* et ces dispositions ordonnées au bien sont, en leur sens, des vérités dont l'entendement à son tour doit tenir compte et qui éclairent, d'une lumière empruntée à la plus intime réalité de l'homme et aux motions les plus secrètes de Dieu en lui, la connaissance même de la destinée à laquelle il est appelé (1). C'est de ces motifs, éclairants plutôt qu'éclairés, intelligents plutôt qu'intellectuels, que saint Augustin a pu dire : *Non cognoscimus*

(1) « Sicut igitur intelligibile quod est visum ab intellectu determinat intellectum, ita etiam et aliquid non apparens intellectui determinat visum et arguit necessario ex hoc ipso quod est voluntate acceptatum ut cui assentiatur » (S. Th., *De veritate,* q. XIV, a. 2, in corp. et ad 10). Sur ce point Brugère résume dans les termes suivants la doctrine Thomiste : « E desiderio beatitudinis legitime concludi potest ad realitatem boni desiderati et sic esse Deum cognosci, licet confuse. Cf. S. Th., Ia , q. II, art. 1, ad 1. (BRUGÈRE, *De vera Religione.* Appendix I, p. 265.)

ut credamus, sed credimus ut cognoscamus (1).
Le cardinal Dechamps exprimait la même vérité
en ces mots concis : « La foi est une connaissance
par amour (2). » Voilà pourquoi la foi, réalité
d'ordre moral, « exige des motifs d'ordre moral » (3). Si donc l'on veut bien y réfléchir, on
s'apercevra aisément que l'effort de ce qu'on a
appelé, à tort d'ailleurs (car elle a toujours existé),
la *nouvelle* apologétique, s'est attaché surtout
à l'étude de ces motifs propres de la volonté, afin
de leur conférer tout ce qu'ils comportent de précision intellectuelle et d'efficacité sur ce que les
théologiens nomment le *pius credulitatis affectus*.
Et on comprend, dès lors, que d'une telle étude il
ne suffise pas de dire qu'elle est une simple pro-
pédeutique et comme un vestibule à l'apologétique ; car elle touche à ce qu'il y a de plus intérieur
et de plus substantiel dans la foi.

Ce serait sortir du cadre de ce travail que d'analyser en détail ces motifs qui, on ne saurait trop
y insister, n'ont pas simplement un rôle prépara-
toire, mais qui sont plus intrinsèques à l'acte de
foi que les motifs intellectuels de crédibilité eux-
mêmes : *Fides ex voluntate pendet et ordinatur
ad bonum,* a dit saint Thomas ; et l'on connaît
assez le célèbre texte de Pascal où il est montré
que les vérités morales entrent du cœur dans
l'esprit. Ce qu'il importe seulement de rappeler
ici, c'est que ces motifs de la volonté restent des
motifs, c'est-à-dire qu'il ne s'agit pas de senti-
ments vagues ou d'aspirations confuses, mais

(1) Tractat. II, in Joan. Evang., cap. VIII.

(2) Cf. Cardinal DECHAMPS, *Œuvres complètes,* t. VI, p. 33 ; t. IX.
p. 241 ; t. XXI, p. 103, 338.

(3) Cf. BAINVEL, *La foi et l'acte de foi,* p. 127 et 230.

d'affirmations conscientes et susceptibles de devenir objet d'études méthodiques, matière de science. « La philosophie de l'action » se propose justement de mettre en évidence le caractère normal, universel, de ces « exigences », de ce « déterminisme de la volonté », et d'en indiquer les répercussions inévitables dans la conscience humaine, sous la forme où on ne pourrait y être indifférent ou rebelle sans manquer à la sincérité intérieure et, selon le mot de Newman, sans « pécher contre la lumière ». Quels sont en effet ces motifs, sinon l'attention qu'aucun homme ne peut légitimement refuser, la conscience de plus en plus claire que la réflexion, l'expérience de la vie donnent à tous, dès qu'il s'agit « des questions qui agitent infailliblement l'esprit et le cœur de l'homme, pour répondre aux grands *postulata* de la nature humaine sur le mal, la douleur, la mort et la fin » (1). Sur son avenir et son éternité, l'homme veut entendre le témoin de l'éternité, « et quand Platon a soupiré après l'enseignement divin, il a été, comme plus tard saint Thomas, *l'écho fidèle de la voix qui gémit dans notre nature.* » Pour peu qu'on étudie ce fait intérieur, on s'aperçoit qu'en effet les motifs de crédibilité ne portent tout leur fruit que dans l'atmosphère d'une âme qui, ainsi que le dit Newman, « entre pratiquement dans le monde invisible, réalise la présence de Dieu, se rend à lui » (2), et peu à peu raccorde le Dieu de la philosophie avec le Dieu du cœur humain et avec le Dieu de l'Évangile, en restituant, à travers les signes et les appels, la vivante vérité de l'Etre à qui elle se remet, elle se

(1) Cardinal DECHAMPS, *Œuvres complètes*, t. XVI, p. 75.

(2) *Paroch. Serm.*, t. III; VI.

restitue, elle se fie comme à l'Ami parfait. C'est en ce sens que « la certitude religieuse est relative à nos dispositions morales (1), » sans cesser pour cela d'être absolument raisonnable, intellectuellement fondée, justifiable et communicable, comme un bien social et une vérité démontrée. Il s'agit, en effet, de donner un contenu réel, un sens concret et pratique, une vérité sentie et désirée, à ces mots : « Dieu, bonté surnaturelle, soumission filiale, mortification présente, vie éternelle », qui, sans le travail généreux de l'âme, resteraient indifférents ou même répugnants. Sans doute, par cette culture intérieure nous ne pouvons obtenir aucune des vérités révélées, pas plus que nous ne pouvons discerner le caractère surnaturel des opérations même les plus surnaturelles qui, tout en apportant à la conscience de la lumière et du mouvement, ne nous donnent pas la moindre *notion* de ce qu'elles sont ; mais quand, selon le mot de saint François de Sales, nous avons ainsi cherché Dieu « sans savoir encore bonnement quel il est », alors, dès qu'on rencontre sa présence et sa révélation, « quel tressaillement de tout nous-même ! »

Ainsi l'assentiment libre, tout en ayant à sa

---

(1) Newman aussi a indiqué (Cf. *Le développement chrétien*, par H. Brémond, I, p. 46-55) qu'il s'agit non de représentations vagues ou d'idées discursives, mais de « la sublime vision d'un objet », vision qui emprunte sa lumière non aux données des sens ni aux analyses de l'entendement abstrait, mais à l'impression originale de la réalité où le chrétien puise mystérieusement sa vie. Et ce qui empêche cette vision, *beata pacis visio*, de tomber dans l'illuminisme quoiqu'aucune notion formulable n'en puisse égaler ou dénommer le contenu, c'est précisément le travail antécédent de la vie purgative. ce sont ces idées de l'action laborieusement obtenues, c'est l'attitude morale et religieuse de l'âme entière dans son rapport intime avec la réalité spirituelle et surnaturelle, c'est cette disposition des *aures audiendi* dont parle si souvent l'Evangile.

base les meilleures raisons scientifiques, n'est pas donné uniquement en vertu de ces raisons mêmes, ni proportionné à la simple vue de l'esprit ; la volonté ne supplée pas à la prétendue insuffisance des motifs, mais elle produit un acte d'ordre différent, qui est intelligent sans être spécifiquement intellectuel, et qui ne nous munit pas de notions plus distinctes sur l'objet propre et surnaturel de la foi, mais qui éclaire le sujet sur ses propres besoins, qui le prépare à retrouver, dans l'objet proposé d'ailleurs, le Sujet véritable, la vivante réalité sans l'aveu, sans l'amour de laquelle on pourrait peut-être confesser de bouche, mais non de cœur, la vraie foi. La crédentité, la stricte obligation de croire, qui a son fondement absolu dans le décret divin, suppose donc, relativement à nous, la rencontre du fait intérieur (grâce, bonne volonté pratique, vie droite, docilité aux inspirations infuses) et du fait extérieur de la révélation positive. Et c'est le concours de ces deux faits qui empêche le surnaturel chrétien d'être simplement un bel idéal, un conseil de perfection proposé du dehors ; c'est là ce qui en fait pour nous une réalité permanente et immanente à laquelle on ne se dérobe point, même quand on la repousse.

3° Nous venons, par ce qui précède, de préparer la solution d'une dernière difficulté. Jusqu'ici l'on a considéré principalement les motifs de la foi sous l'aspect où ils semblent n'offrir que des raisons toutes naturelles de croire. Mais notre foi est, surnaturelle : et pour qu'en effet elle le soit pleinement, il faut que « le motif de foi » soit lui-même surnaturel. Comment est-ce possible, et par où s'insinue la grâce jusqu'aux profondeurs d'où nos opérations humaines, comme transsubstantiées, pourront, selon l'expression des théologiens, être «déiformes » ?

Croire *propter auctoritatem Dei revelantis*, ce n'est pas seulement conclure rationnellement à la vérité d'un témoignage ; c'est admettre en soi réellement le témoignage de la Vérité : *Testimonium Dei in nobis habemus*. Il ne suffit donc pas d'adhérer raisonnablement ; l'adhésion naturelle à l'objet surnaturel doit renfermer une adhésion plus intime encore, un accueil de tout notre être à la motion divine, à la « grâce qui n'est refusée à personne », à Dieu, s'attestant lui-même en nous par toutes les aspirations dont il pénètre les sources de notre pensée et de notre action (1). Dieu est *l'auteur* de notre foi, non pas uniquement en ce sens qu'il propose au dehors les vérités à croire et les signes qui authentiquent sa souveraine parole, mais encore en ce sens qu'il stimule au dedans les énergies morales, qu'il se propose comme la Vérité même, et qu'il veut que nous rapportions à sa bonté toute gratuite, l'initiative, la croissance, la réalité de la foi : *Rationabile obsequium,* c'est sans doute l'obéissance raisonnée, mais c'est aussi l'aveu intérieur, le *culte spirituel* (et tel est le sens authentique du texte de saint Paul), qui ne se contente pas de soumettre autoritairement la raison aux raisons naturelles de croire, mais qui ouvre amoureusement la raison à la Raison surnaturelle de la foi, au témoignage que Dieu se rend à lui-même doublement, dans le monde et en nous ; et puisque la foi suppose cette double initiative de Dieu, elle doit lui rapporter l'une et l'autre : religion d'autorité

____

(1) Cf. *Annales de Philosophie Chrétienne.* Article sur l'apologétique du cardinal Dechamps, mars 1906, p. 640.

que la foi catholique, oui ; mais aussi religion de divine liberté et d'amour « déifiant ».

C'est donc grâce aux motifs de la volonté que s'opère *la spécification de l'acte surnaturel de foi par l'objet formel* ; c'est-à-dire que, par là, l'adhésion subjective est elle-même surnaturalisée ; et dès lors, l'adhésion aux témoignages extérieurs, aux vérités objectives, aux motifs de crédibilité, procède de cette foi véritablement surnaturelle, vertu infuse en nous, vie nouvelle de l'homme régénéré, *habitus mentis*, nécessaire à quiconque veut *accedere ad Deum* (S. Th., IIᵃ IIᵃᵉ, q. v, art. 1). Croyance et confiance s'unissent dans cet acte d'une âme qui « sur la parole de Dieu tranquillement se repose », comme dit saint Thomas. La foi est une, dominant toute la diversité des *enuntiabilia fidei*, et toujours identique à elle-même : *non quoad substantiam, sed quoad explicationem crescit* (S. Th., IIᵃ IIᵃᵉ, q. i, art. 7) ; elle est supérieure à toute vue humaine : *objectum fidei non potest esse aliquid visum* (IIᵃ IIᵃᵉ, i, 4) ; en même temps elle est clair-voyante : *nihil prohibet, durante statu fidei, intelligere etiam ea quae per se sub fide cadunt* (IIᵃ IIᵃᵉ, i, 3) ; elle a une certitude infiniment supérieure à toute autre : *fides supra omnia certa* (IIᵃ IIᵃᵉ, iv, 8). *Facilius dubitarem an essem quam non esse vera quae audivi* (S. Augustin) ; elle est méritoire pour tous, parce qu'elle est libre, *certitudo mentis est voluntarie sese inclinantis*, quoiqu'il n'y ait à faire aucun sacrifice d'intelligence, ni à courir aucun *aléa*, et quoique le savant n'ait pas moins à *croire* que le simple : *nunquam fides per cognitionem evacuatur* (Denzinger, 476) ; elle est donc indispensable au salut : *absque fide catholica nulla est salus* (*ibid*. 1628) ; bien plus, elle est le salut commencé, la vie éternelle inaugurée dans l'âme : *fides est habitus mentis quo inchoatur vita aeterna in nobis.* Même pour celles des vérités naturelles qu'elle confirme et qu'elle rend accessibles à tous, elle les fait croire par un autre motif et avec une tout autre fermeté que ne peut le faire la raison ; car ce n'est pas à un objet vrai qu'elle s'attache, c'est à la Vérité vivante, qui est apparue aux hommes, *apparuit benignitas,* qui s'est incarnée en Jésus-Christ, *ut dum visibiliter Deum cognoscimus, per hunc in invisibilium amorem rapiamur* (1), qui continue de leur parler, qui reste présente et agissante dans l'Eglise. Et voilà pourquoi la divinité de l'Eglise n'est pas seulement une vérité à croire ; c'est la vérité qui, prolongeant l'Incarnation, contient et propose toutes les autres vérités à notre adhésion aimante et soumise ; en elle nous trouvons cet Etre sensible, cette divine Personne morale, cette Maternité humainement céleste, que l'on peut et que l'on doit aimer d'amour, et à laquelle donc conviennent toutes les analyses de la foi naturelle et de la foi surnaturelle.

III. Partis de la foi pour en explorer le contenu et en analyser les motifs, les causes, les actes, les vertus, nous aboutissons à justifier l'Eglise catholique et à montrer que les vérités de la foi, c'est en tant qu'elle les propose comme divinement révélées, que nous les croyons. Si maintenant (2)

----

(1) *Praef. Nativitatis.*

(2) On a parfois prétendu que la Constitution *Dei Filius* indique et préconise deux méthodes différentes de démonstration, deux procédés distincts et comme deux apologétiques (cf. *Revue pratique d'apologétique*, 15 mars 1906, p. 557-67). Il ne s'agit pas de deux voies équivalentes. Il s'agit de deux moments différents de la preuve, de deux fonctions à certains égards indépendantes et complémentaires : d'un côté, la justification théorique et abstraite de la foi et de son

nous nous plaçons au point de vue de l'ignorance ou de l'incrédulité pour déterminer l'ordre normal et les conditions providentielles de l'accès à la foi, que constatons-nous ? C'est que « la méthode de la Providence », dans sa maternelle « pédagogie », suit en sens inverse le chemin que vient de parcourir notre synthèse de la foi. Écoutons le Concile du Vatican nous l'indiquer : « Pour que nous puissions satisfaire au devoir d'embrasser la foi véritable et d'y persévérer constamment, Dieu par son Fils unique a institué l'Eglise... et l'Eglise est *par elle-même* un témoignage irréfragable de sa mission divine. D'où il résulte que, comme un étendard levé sous les yeux des nations, elle appelle à elle ceux qui n'ont pas encore cru, et elle confirme ceux qui croient dans leur certitude. »

Ainsi, qu'il s'agisse de l'enfant qui semble avoir reçu la vérité catholique comme une tradition spontanée de famille, ou de l'incroyant qui s'est égaré sur les chemins de la libre pensée, c'est par le contact de l'Eglise, par son initiative maternelle, par son autorité prévenante, que la sollicitation divine atteint les âmes au dehors, pendant que la grâce les visite au dedans. Et toujours la foi commence, comme elle se consomme, par une confiance personnelle en une Personne morale, en une Bonté, en une Vérité incarnée. Toutes les analyses de la foi, toutes les recherches apologétiques n'ont qu'à éclaircir et qu'à justifier cette confiance qui suppose tout un travail de l'âme sous la touche secrète de Dieu, sous l'influence

objet *materialiter sumptum* au regard de la raison ; d'autre part, l'examen des causes concrètes qui pratiquement doivent déterminer l'incrédule à embrasser la foi véritable, des réalités surnaturelles qui viennent au-devant de lui, et des motifs formels qui lui rendent l'adhésion subjectivement obligatoire.

du spectacle de la vie chrétienne dans le monde et de la permanente prédication de l'Eglise (1).

Entendue comme il convient, la foi n'est donc pas simplement *un objet à croire;* elle n'est pas non plus *l'acte de croire un objet* proposé; elle n'est même pas la simple rencontre d'un acte subjectif de l'homme et d'une donnée objective de Dieu. Elle consiste essentiellement dans la synthèse divinement formée en l'homme et humainement rapportée à Dieu d'un don surnaturel et d'une démarche intellectuelle et morale ; de telle façon qu'en adhérant au *révélé,* c'est au *Révélant* qu'on s'en remet et qu'on s'attache. « Allez, dit Jésus, votre foi vous a sauvé. » Quelle est cette foi, sinon la confiance simple, cordiale, en la personne du Christ, en même temps que la croyance qu'en lui se réalise cette idéale bonté et cette puissance de la justice après lesquelles soupire l'âme droite, celles qu'attendait sans doute Nathanaël sous le figuier ? Cette même conception d'une foi qui est la tradition totale de l'homme à Dieu, nous la retrouvons partout, dans saint Paul, dans les Pères qui n'y voient point une simple adhésion intellectuelle à une connaissance testimoniale, mais le don de Dieu à l'homme et de l'homme à Dieu pour le temps et l'éternité : Ἀγάπη καὶ γνῶσις, ἰσχὺς εἰς σωτηρίαν, καὶ δύναμις εἰς ζωὴν αἰώνιον (2). Une telle foi est la même partout, pour tous.

C'est à tort qu'on opposerait le chemin des

(1) Ce n'est pas ici le lieu d'expliquer les traits de cette « grande apologétique » qui met en lumière les industries de Dieu pour se faire reconnaître de l'homme et pour obtenir sa foi : *Fili, præbe cor tuum mihi.* On en trouvera une esquisse saisissante dans les *Œuvres du card. Dechamps,* notamment t. I, III, IV.

(2) CLÉMENT D'ALEXANDRIE, *Strom.,* I, 6, col. 901.

simples à celui des savants, celui des premiers chrétiens à celui de nos contemporains, et qu'on prétendrait mener les hommes à la foi divine par le moyen de la foi humaine ou de la science historique. Car lorsque l'enfant ou l'ignorant se repose sur la parole d'une mère chrétienne ou d'un apôtre de l'Evangile, ce n'est pas à leur science naturelle, à leurs arguments supposés, à leur sagesse critique qu'il adhère : c'est à leur foi même, à leur être entier, à leur vie surnaturelle, à la présence de Dieu en eux. Voilà pourquoi les « Saints », les « hommes de Dieu » transmettent mieux que les savants ce feu sacré, cette lumière supérieure de la foi, dont on peut dire encore, selon une loi partout observée, *omne vivum ex vivo, fides de fide.* Nulle part les motifs humains de crédibilité ne restent tout ensemble isolés et efficaces. Car il s'agit toujours ici de vérités qui sont à croire, non pas à savoir, pour la raison la plus avancée, pour la science la plus lumineuse. Pour tous également il faut que se vérifie la sublime équation posée par le Médiateur : « Qui vous écoute, m'écoute ; qui me voit, voit mon Père. » Voilà pourquoi la foi ne reçoit toute sa forme que de la charité : *caritas forma fidei* (S. Th., IIa IIæ, q. iv, art. 3). Bossuet n'a-t-il pas eu raison de dire : « Pour tout entendre, il ne faut qu'entendre son amour : Dieu a tant aimé le monde ! Que reste-t-il après cela, sinon de « croire à l'amour » pour croire à tous les mystères ? » (*Elévations*, XVIIIe sem., 14e élév.) Et si en effet la foi est déjà non la connaissance seule, mais « la substance des choses à espérer », qu'est-ce que cette anticipation substantielle de la foi, sinon de s'attacher au Père et à Jésus-Christ ? *Haec est vita aeterna...* (Joan. xvii, 4).

III

La Science :

Comment est-elle à la fois autonome

et dépendante ?

Au prix des divines richesses de la foi catholique ou même des complexités de la foi morale, la Science, malgré l'extrême développement de ses conquêtes et l'étendue légitime de son empire, paraîtra simple.

Au sens large, le terme *science* désigne une connaissance assurée par une vue directe ou intrinsèque, ou par une expérience positive, ou par un raisonnement régulier ; plus strictement, c'est un ensemble de connaissances méthodiquement liées et munies de preuves. La racine la plus lointaine de ce mot, en sanscrit (1), signifie *fendre*, par conséquent séparer, morceler, comme un enfant qui brise un jouet pour voir ce qu'il renferme. En face de l'immense univers, l'homme, avec l'aide spontanée du langage qui est un naturel instrument d'analyse, cherche à se rendre compte des choses, par curiosité et par besoin ; sa réflexion divise : il cherche les principes, les éléments que l'intelligence présume d'embrasser, que la volonté espère captiver et employer, à cause de leur

____

(1) Cf. Dictionnaire de Littré, au mot *Science*.

simplicité apparente. A l'origine donc, la science paraît être indissolublement désir de connaissance et moyen d'action, satisfaction d'un instinct spéculatif et forme d'ingéniosité pratique.

I. *Les conceptions exclusives et antagonistes de la science.* — De cette source primitive, ici comme on l'a vu pour la foi, ont dérivé deux courants, dont il serait trop long de suivre en détail toute l'histoire, mais qui (un aperçu rapide suffira à le faire comprendre) aboutissent aux deux conceptions qui sont aux prises dans la pensée contemporaine ; or, comme sous la forme exclusive qu'elles ont revêtue en luttant l'une contre l'autre, ces tendances risquent en effet de perpétuer ou même de multiplier les conflits « de la science et de la foi », il importe extrêmement de montrer comment ces conceptions antagonistes de la science elle-même doivent se réconcilier dans une synthèse plus compréhensive, qui fera évanouir les difficultés nées de prétentions exclusives et de théories incomplètes.

1° D'après la première conception de la science, *savoir* c'est *connaître les choses telles qu'elles sont;* comme le disait déjà Parménide : la pensée est identique à son objet. Dès lors, en prenant la connaissance et en la manipulant, à l'aide des principes qui sont fournis par l'intelligence et réglés par la logique, la science se construit rationnellement : *Scientia humana ex ratione demonstrativa per discursum rationis acquiritur* (S. Th. II^a II^æ, q. ix, a. 1); elle a sa fin en elle-même : elle met, en l'esprit qui sait, le «décalque», ou mieux l'équivalent exact de la réalité ; et dès lors, les applications naîtront, par surcroît, de la notion fidèle qu'on aura ainsi obtenue des choses dont les lois sont celles mêmes de la pensée.

S'il y a plusieurs sciences, c'est que tous les principes ne peuvent être ramenés à l'unité : à côté des principes communs, κοῖνα, qui servent à donner à l'esprit l'unité de sa logique, il y a les principes propres, ἴδια, qu'il faut accepter dans l'évidence où ils apparaissent, sans chercher au delà. Chaque science forme un système lié de propositions prouvées ; elle est distincte matériellement des sciences voisines, comme sont distinctes les espèces vivantes dans la nature qui compose pourtant une admirable hiérarchie. Les sciences, elles aussi, sont hiérarchisées ; les inférieures ou subalternes reçoivent leurs principes des supérieures ; chacune, dans sa sphère, travaille à connaître son objet particulier, fournit sa tranche de réalité et apporte, sur le terrain commun de l'être, son contingent de vérités certaines ; et finalement, les résultats de toutes doivent se trouver d'accord, puisqu'enfin la vérité réelle ne saurait contredire la vérité réelle.

D'après cette notion de la science, chaque discipline scientifique a une autonomie, mais qui est uniquement *logique,* grâce au principe qui spécifie son labeur ; mais en fait, la recherche de la science est doublement dépendante : à son point de départ, à son point d'arrivée, parce que la nécessité de faire cadrer entre eux des objets et des résultats qui se trouvent, pour toutes les sciences, sur un même plan réel, entraîne, en cas de conflits, un contrôle extérieur.

2° D'après l'autre conception de la science, dont on trouverait les premiers traits jusque chez les philosophes antiques, mais qui ne s'est définie qu'au cours des derniers siècles, *savoir* ne vise pas *l'être des choses,* mais *le pouvoir de l'homme* sur elles. Indépendamment de tout problème ontologique, la science s'applique à augmenter notre puissance sur la nature, sans présumer d'atteindre « les principes », les réalités profondes ; elle étudie les phénomènes dans le dessein non d'en épuiser le contenu et d'arriver à la connaissance d'aucune « substance », d'aucune réalité métaphysique, mais de découvrir toujours de nouvelles relations et, par là même, de nouveaux moyens d'action ; selon le mot de Descartes, d'accord en cela avec Bacon : « l'homme, par la science, cherche à se rendre maître de la nature, comme nous le sommes des métiers de nos artisans » ; « science et puissance se correspondent » ; et le critérium de la vérité scientifique, c'est le succès pratique. Même pour les sciences exactes, qu'on aurait pu croire soustraites à ce « pragmatisme » depuis longtemps latent, nous assistons à une extension méthodique de cette même notion de la connaissance scientifique. Partout on veut retrouver, dans la science, la part des conventions auxquelles l'esprit a recours dans le choix de symboles et de notations aussi *commodes* que possible, « l'ingéniosité secrètement et profondément utilitaire d'une pensée mue beaucoup moins par un désir spéculatif que par un besoin d'action, par un dessein de résoudre un problème pratique, le problème de la vie humaine » (1). Et tandis que, d'après la première des thèses en présence, la pensée savante dominait l'action pour la gouverner du dehors et de haut, d'après cette seconde conception, c'est l'action qui fournit à la pensée sa matière, sa règle et son but.

(1) Cf. dans les *Annales de philosophie chrétienne* (n° de nov. 1905, p. 186), le tableau d'ensemble que M. B. de Sailly donne de cette conception de la science.

Et une telle doctrine de la science, qui se réclame de l'esprit positif en même temps qu'elle fait place à toutes les formes les plus hautes de l'activité et de la spéculation humaine, n'a pas pour elle seulement, prétend-on, le prestige du succès et de la fécondité ; elle semble en harmonie avec la complexité infiniment croissante de notre civilisation intellectuelle et avec les profondeurs longtemps insoupçonnées de la nature et de l'histoire. Il semblait aux « savants » de l'antiquité ou même du moyen âge que leur attention directement portée sur les objets offerts à leur étude par les sens ou la conscience, épuisait la *matière* de la connaissance accessible et la nature même de l'objet à connaître, du feu, par exemple, ou de l'eau ; faute d'instruments et de méthodes d'investigation, ils se contentaient de relier entre elles ces données du « sens commun » ; et, s'emparant de ces matériaux, leur science ne consistait souvent qu'en déductions sur ces données qu'ils regardaient en quelque façon comme exhaustives : *Si intellectus humanus alicujus rei substantiam comprehendit, puta* lapidis, *nullum intelligibilium hujus rei facultatem humanae rationis excedet (Contra Gentiles,* ı, 2) ; la *pétréité* alors semblait quelque chose de parfaitement intelligible. Aujourd'hui, une affirmation comme celle-là, qui paraissait l'évidence même, a perdu pour nous jusqu'à sa signification ; tant nous sommes pénétrés de l'idée que la science a toujours du nouveau à découvrir, dans le moindre des corps, à plus forte raison s'il s'agit de problèmes biologiques, sociaux ou moraux.

De là est née, dans beaucoup d'esprits, une conception de la portée et du rapport des sciences toute différente de celle que nous exprimions

tantôt, une conception nouvelle de la solidarité et
de l'autonomie des *sciences particulières,* de leur
collaboration et de leur indépendance réciproque,
et finalement, une conception de l'autonomie de
la *Science en général,* spécialement à l'égard de
la vie religieuse et de la foi catholique : « la
Science libre dans la Foi libre. » — Il est important d'esquisser avec précision ces thèses avant
de les critiquer sévèrement.

Puisque la connaissance scientifique, bornée à
l'étude des faits et des lois, *argumentum apparentium,* vise à trouver les hypothèses les plus
explicatives du *fieri* (historique ou physique, peu
importe) et à inventer, à organiser les symboles
les plus maniables, les plus commodes, les plus
efficaces, sans prétendre aucunement fournir une
représentation adéquate, ontologique, de la réalité infiniment complexe, il en résulte que les
recherches les plus divergentes, les investigations
les plus hétérogènes sont également légitimes
dans la mesure où elles sont vérifiées par les faits,
indépendamment de toute vue à priori et de toute
préoccupation métaphysique. Regardons le papier
couvert de dessins coloriés qui tapisse le mur de
cette chambre : selon les préférences de votre
imagination, vous pourrez grouper les dessins en
losanges, en carrés, en mille figures régulières ;
ainsi la nature est assez variée pour se prêter à
des combinaisons suivies, selon le point de vue
sous lequel on la considère. Chaque science est
un de ces points de vue ; et même, comme
M. Duhem le montrait à propos des physiciens
anglais, dans une même science, des hypothèses
qui semblent logiquement incompatibles peuvent
être utilement, pratiquement développées à la
fois, au moins comme un artifice provisoire d'in-

vestigation. Les savants sont comme ces ouvriers des Gobelins qui tissent, à l'envers, une tapisserie dont ils n'ont pas besoin d'apercevoir le carton d'ensemble et l'harmonie générale : c'est au prix de la diversité de leurs perspectives qu'ils ont le sentiment de communier dans un même esprit et de travailler à une même solution ; et c'est la relativité de leurs résultats toujours partiels, qui leur permet l'indépendance scientifique dans la solidarité même de leurs efforts.

On le voit donc : d'après cette conception moderne, *les diverses sciences* sont *autonomes*, parce qu'elles ne sont assujetties qu'aux faits mêmes qui les constituent (car c'est une manière sériée de noter les faits, un langage symbolique écouté de la nature et communicable aux autres hommes comme instrument de règne, qui compose une science) ; en même temps, elles sont *solidaires*, parce que ces faits eux-mêmes ne sont point considérés comme des êtres isolés et des objets distincts, mais comme des aspects d'un même déterminisme, comme des données d'un même problème. — Quant à *la Science en général,* ce n'est pas autre chose que l'unité toute formelle de cet esprit scientifique, partout le même, à travers la diversité des recherches et des méthodes. A la différence des sciences particulières qui sont solidaires les unes des autres, au point de tendre à l'unité et de se féconder mutuellement, comme l'algèbre a fécondé la géométrie et les mathématiques la physique, la Science ne se solidarise avec rien d'autre : elle est ce qu'elle peut ; car, toujours en devenir et en refonte, elle ne saurait accepter le mot d'ordre d'aucun absolu parlant d'en haut au nom d'un principe ou d'une fin totale qui restent inévitablement en dehors de la série de ses investigations fragmentaires d'en bas. En ce sens on a pu dire que « Science et Foi vivent côte à côte sans se combattre, parce qu'elles ne se voient ni ne se connaissent ». Le régime de la Séparation serait la vérité dans les idées comme dans les Etats, dans la science comme dans la vie sociale.

3º Qu'y a-t-il de vrai, qu'y a-t-il d'excessif dans ces conceptions de la science; et donnent-elles l'une ou l'autre une idée juste de l'autonomie légitime de la science, telle que la proclamait le Concile du Vatican, et de « l'accord indispensable de la science et de la foi » ?

Non pas. Car, si l'on restait fidèle exclusivement à la première de ces conceptions de la science, on n'échapperait point à ce double danger : en partant de la foi, on risquerait de vouloir imposer à la science, au nom de l'absolue réalité qu'il faut de part et d'autre affirmer, une tyrannie de Procuste ; et, en partant de la science, on risquerait, pour retrouver coûte que coûte les affirmations de la foi, de s'épuiser à remplir le tonneau des Danaïdes du Concordisme. — Si, en revanche, l'on s'en tenait à la seconde de ces conceptions, on tomberait sous les coups de cette double critique : en partant de la science, on ne saurait fournir à la foi aucun élément de fixité et de contrôle, et on s'exposerait à ne voir en elle qu'une œuvre de Protée ; en partant de la foi, on ne saurait, faute de tout moyen intellectuel de progrès et de toute discussion sériée, tisser qu'une toile de Pénélope. Le « Séparatisme » n'est pas moins ruineux qu'un Concordisme littéral.

Comment donc échapper à ces périls ? — En revenant à la notion originelle de la science, mais à une notion enrichie de toutes les réflexions recueillies au cours des précédentes analyses et où s'équilibrent le caractère théorique et le caractère pratique qu'en fait elle a toujours eus. Car s'il est vrai que la connaissance se rapporte à l'action, l'action elle-même se rapporte à la réalité où elle s'insère et qui sert à la régler : penser et agir ne composent en nous qu'une même destinée : aussi ne saurait-il y avoir de cloisons étanches et de séparations définitives dans l'esprit, puisqu'il n'y en a pas dans la vie ni dans la nature. On peut bien, il est vrai, parler de sciences distinctes et de méthodes hétérogènes qui se développent dans des plans différents sans se heurter ; mais ces plans eux-mêmes sont, si l'on peut dire, dans un seul et même *solidum quid*. Il importe d'abord de montrer avec précision ce qu'est cette unité dans cette diversité, cette DÉPENDANCE dans cette AUTONOMIE. Et cet examen est d'autant plus nécessaire, que c'est l'étude du rapport de la science avec la conscience qui nous donnera la clef du rapport de la raison avec la foi.

II. *Autonomie et dépendance véritables des diverses sciences entre elles et de la Science à l'égard de ce qui la dépasse.* — Sans qu'il soit nécessaire de faire ressortir ici comment nous corrigeons, l'une par l'autre, les deux conceptions de la science qui ont été précédemment esquissées, on verra aisément ce que nous retenons de l'une et de l'autre, de même que, en traitant de la foi, nous avions pu indiquer un point de vue d'où s'opérait la synthèse des diverses acceptions du mot. Par une sorte de chassé-croisé analogue nous réussirons, ce semble, à montrer comment la science est aussi bien connaissance réelle que moyen pratique, et qu'eu égard à cette double fonction, elle a une double autonomie et une double dépendance. Pour l'établir, nous ne nous plaçons d'abord que sur le terrain de la science même et de la philosophie, nullement au point de vue d'une autorité extérieure et d'une Révélation positive. C'est seulement après avoir indiqué les limites naturelles de la science que nous pourrons, sans encourir le reproche de la mutiler, déterminer son attitude à l'égard de la foi catholique.

. 1º La science est *autonome,* en un premier sens, dans la mesure même où elle se préoccupe uniquement de la cohérence formelle de ses investigations, de la valeur logique de ses preuves, de l'unité de son point de vue particulier. N'étant d'abord qu'un *procédé* et ne visant pas directement à faire connaître d'emblée l'être réel en soi, fragments par fragments, elle spécule librement sur les aspects que révèle l'analyse suivie des phénomènes réels eux aussi, elle se préoccupe de grouper les faits en séries, d'en déterminer les lois ; elle ne s'attache pas à des vérités partielles, comme si c'étaient les matériaux absolus d'une ontologie, ou des atomes qu'il s'agisse de faire cadrer les uns avec les autres ; elle a pour objet, non les objets, mais les relations qui les unissent ; et, dès lors, ce relativisme immanent et partiel est un domaine où elle est souveraine.

Mais la science est *dépendante,* en ce premier sens, dans la mesure même où elle doit éviter d'ériger en vérités isolées et définitives les aspects successifs que la nécessité d'analyser la complexité des problèmes lui impose. Ce n'est que par abstraction qu'elle est théorique ; ce n'est donc que par abstraction qu'elle est autonome. Elle ne saurait se cantonner chez elle, comme si « la science était pour la science » ; la science est pour l'action : aussi, les diverses disciplines scien-

tifiques ne peuvent pas ne pas avoir à *coordonner*
leurs résultats sur un autre terrain que le leur
propre, et la science ne peut pas ne pas rester
subordonnée à ces problèmes pratiques, à ces questions vitales et totales dont, au fond, elle procède
elle-même. Ainsi, c'est parce que la science est un
moyen au service de la vie, qu'elle est réellement
dépendante ; et c'est parce qu'elle est spéculative
dans son procédé essentiel, qu'elle garde une
autonomie logique.

Et quel est l'intérêt de ces premières distinctions ? — Il est considérable ; car nous y trouvons
le moyen d'échapper soit à un concordisme littéral qui serait meurtrier pour la science, soit à
une sorte de comptabilité de conscience en partie
double qui serait délétère pour la vie morale. En
effet, puisque les recherches scientifiques ont
besoin, si l'on peut dire, d'un certain espace pour
se déployer en séries, elles jouissent au cours de
leurs investigations d'une immunité légitime ;
elles ne sont pas arrêtées, à chaque pas, par la
préoccupation d'ajuster les uns aux autres des
morceaux d'absolu, des fragments du réel ; elles
peuvent ainsi se développer longtemps de façon
parallèle, car elles ne communiquent pas entre
elles de détail à détail, elles n'ont pas un intérêt
moral point par point ; mais c'est de série à série
qu'elles se coordonnent ou qu'elles se subordon-
nent aux questions vitales ; c'est par leurs grandes
lignes, dans leurs tendances ou leurs conclusions
générales, non par quelque côté anecdotique,
qu'elles atteignent l'âme à travers l'esprit et
qu'elles retentissent dans la conscience de l'humanité. Voilà pourquoi Léon XIII, dans une parole
que rapporte M. l'abbé Baudrillart, a pu dire
qu' « il faut laisser aux savants le droit et le

temps de se tromper, pour qu'ils aient le pouvoir de se corriger ». On le voit, cette indépendance qui n'est acquise qu'aux recherches d'ensemble, qu'aux hommes compétents, n'empêche pas, d'autre part, les préoccupations morales de dominer l'activité de l'esprit ; loin de là. Vue sous cet aspect synthétique, qui est le seul véritable, la recherche scientifique est un aliment, un stimulant de la vie spirituelle. Toujours secrètement issues du besoin profond d'éclairer les grandes questions que l'homme se pose sur le monde et sur lui-même, les sciences, malgré leur parallélisme apparent, se solidarisent entre elles par leurs convergences philosophiques, à l'infini des problèmes métaphysiques et religieux.

2° La science est *autonome* en un second sens qui complète et corrige la conception trop exclusivement formelle et utilitaire que nous venons de considérer : car si elle n'est pas une ontologie fragmentaire, elle n'est pas non plus un symbolisme arbitraire, un système de notations conventionnelles, un recueil de recettes et d'expédients. Malgré les fréquentes reprises en sous-œuvre de l'édifice scientifique et malgré la plasticité de ses formes, on ne doit pas méconnaître le caractère sérié, progressif des hypothèses et des lois qui tendent, par approximation, à une unité plus compréhensive, à une connaissance plus vraie, plus réaliste de la nature et de l'humanité : sans doute, il ne s'agit pas de conférer à ces découvertes une portée immédiatement métaphysique ; il n'en est pas moins exact de dire que la *science sait* vraiment, qu'elle porte sur le réel, qu'elle ne se borne pas aux phénomènes (1),

(1) Rien d'ailleurs de plus artificiel que la prétention de distinguer et d'opposer absolument *être* et *phénomène* : il n'est pas moins faux

qu'elle réussit à définir de mieux en mieux le rapport complexe de la pensée et de l'action, de la vie humaine et de l'univers : *adaequatio mentis et vitae*, mais aussi *adaequatio mentis et naturae, rerum et intellectus*. Ici son autonomie ne tient plus, comme tout à l'heure, au caractère provisoire et méthodologique de ses essais successifs, mais tout au contraire à la valeur confirmée de ses acquisitions progressives. Grâce à l'appui qu'elle trouve dans l'ordre réel de mieux en mieux connu, la science a, en tant que connaissance des êtres et non plus seulement comme procédé pratique, une consistance propre. Et lorsqu'à force de retouches, de vérifications et d'extension, elle a sérié son immense effort collectif, lorsqu'elle a formulé les conclusions de la raison humaine sur ces questions qui relèvent en effet de sa compétence, il n'y a point d'objections qui tiennent ; et on ne nous fera pas croire que le firmament est une voûte solide, ou qu'il n'y a point d'antipodes.

Mais ici, encore et surtout, la science est *dépendante* en un sens très profond. Car elle a beau allonger la chaîne des vérités certaines ; jamais elle ne s'achève, jamais elle ne se justifie elle-même : elle nous apprend *ce que* sont les êtres, mais elle n'affirme pas directement et immédiatement *qu'ils* sont, et elle n'est pas compétente pour porter le jugement d'ensemble sur leur *réalité concrète et totale*. Aussi, à son point de départ

---

de prendre immédiatement pour des réalités substantielles les aspects diversement connus et les relations constatées au sein des choses concrètes, que de considérer ces aspects et ces relations comme de simples apparences, étrangères à l'être même, tandis qu'en vérité ces liens de solidarité contribuent à le constituer. Plus on connaît ces relations mutuelles, mieux on sait ce que sont les êtres.

toujours hypothétique, à son point d'arrivée toujours provisoire, commencent les raisons véritables de nos actes, l'ordre idéal des devoirs et des fins. La science n'est qu'un instrument par lequel nous profitons des leçons du passé; mais nous ne vivons que pour ce qui n'est pas encore. Ceux qui s'imaginent qu'elle peut, à elle seule, fournir les motifs et la règle de l'action humaine, ne s'aperçoivent pas qu'ils mettent en elle tout autre chose qu'elle, leurs rêves et leur foi, et qu'ils s'attachent non à ce qu'il y a de scientifique en la science, mais à cette part d'hypothèses et d'anticipations qui est l'enjeu même de la recherche (1). Toute idée est une force qui tend à l'acte ; mais l'acte enferme plus que l'idée qui l'inspire : la science, elle aussi, tend à régler la vie individuelle et sociale, à modeler la civilisation ; mais, chez l'homme savant, le savant n'est pas tout l'homme ; et l'homme doit, d'un point de vue différent, surveiller en lui le savant, ne fût-ce qu'en le rappelant à la pratique des vertus intellectuelles, à la défiance des conclusions prématurées, à l'humilité en face de la complexité des problèmes, au sentiment du caractère partiel et subalterne de l'activité scientifique elle-même.

Et quel est l'intérêt de ces nouvelles distinctions ? — C'est que, dans l'équilibre d'une âme qui veut vivre d'une vie intégrale, il y a sans cesse à concilier deux grands courants, l'un qui procède du mouvement général de la culture intellectuelle et l'autre qui sort des exigences mêmes d'une conscience intérieurement éclairée et fortifiée par l'expérience du devoir. On aura beau faire, l'hu- ·

____

(1) Cf. M. BLONDEL, l'*Action*, p. 80 sq. et p. 297. Cf. aussi, *Bulletin de la Société française de Philosophie*, avril 1906, p. 143.

manité ne vivra jamais d'idées claires et de vérités
scientifiques : il n'y a pire crédulité que de le
croire ; et c'est pourquoi, dans l'intérêt même de
l'esprit scientifique, il est nécessaire de se rendre
compte des raisons que nous avons d'agir, au delà
de la science même, comme il est de l'intérêt et du
devoir de l'esprit moral et religieux de tenir
compte des certitudes acquises par l'usage méthodique de la pensée, par la science digne de ce nom,
— la science où les hommes de ce temps voient,
non sans motifs, le chef-d'œuvre naturel de la
raison.

IV

Quelles sont les relations normales
de la Science et de la Foi ?

Cette *autonomie* et cette *dépendance* de la science qui, du point de vue de la philosophie, sont également justifiées, apparaissent plus claires encore dès qu'on les envisage des perspectives de la foi. Le Concile du Vatican les affirme aussi énergiquement l'une que l'autre : « Que chacune des sciences, déclare-t-il, se serve dans sa sphère de ses propres principes et de sa propre méthode » ; mais, « en reconnaissant cette légitime liberté, l'Eglise veille attentivement à ce que les sciences n'adoptent point d'erreurs qui les mettent en opposition avec la doctrine divine ». Science et Foi ne sont donc pas étrangères au point de s'ignorer, car « elles se prêtent une aide mutuelle » ; et, par là même, des « contradictions » sont possibles sur ce terrain de rencontre.

Mais à vrai dire, ce n'est pas l'accord et la coopération que, au regard du vrai croyant et du vrai savant, il est malaisé de comprendre et qu'il faut expliquer d'abord ; c'est le conflit : 1° en quoi peut-il consister ? 2° pourquoi, malgré ce qu'il a de toujours illégitime, est-il chronique et, à certains égards, salutaire?

1° Ce conflit, d'où peut-il naître? — Il peut, comme l'indique la Constitution *De Fide*, venir de l'une ou de l'autre de ces causes : « ou de ce que les dogmes de la foi n'ont pas été compris et exposés conformément à la pensée de l'Eglise, ou de ce que des opinions fausses sont prises pour des conclusions de la raison ». On ne saurait évidemment détailler ici les innombrables méprises qui, chez tant d'hommes, multiplient aujourd'hui « les apparences imaginaires de contradictions ». Qu'il suffise d'indiquer le principe commun des antagonismes et la formule générale de la solution.

Quelle est, en ce qui touche la foi, l'origine ordinaire des illusions troublantes ? C'est la méconnaissance du caractère synthétique — rationnel, moral et surnaturel tout ensemble — de la foi ; c'est la tendance à ne plus voir en elle que le côté par où elle est une énumération de vérités objectives et transmises par le témoignage ; c'est l'attention exclusivement portée sur les motifs de crédibilité intellectuelle ; c'est la littéralité d'un concordisme de détail substitué à l'esprit de confiance totale à l'Eglise ; c'est ce zèle plus ardent qu'éclairé qui par principe défend toujours les solutions étroites, là même où la sagesse de l'autorité seule divinement assistée ne s'est pas prononcée. Dès lors, en laissant de côté les « motifs de la volonté » qui donnent à nos croyances une assise si profonde et si large, en oubliant ce témoignage surnaturel que Dieu se rend en nous, l'esprit, comme isolé, se trouve exposé au choc des objections de détail, des arguments spécieux ; et l'on sait combien les difficultés particulières font aisément impression, alors que la solution suppose toute une vue d'ensemble ; et c'est ainsi que, réduite à ce qui en est l'expression intellectuelle et le formulaire extérieur, la foi risque de devenir la victime des « apparences » contraires.

Et quelle est l'origine ordinaire des oppositions dont la science est responsable ? — Lorsque, « sortant de son propre empire, elle envahit et trouble ce qui est du domaine de la foi », alors elle devient cette « science qui enfle et n'édifie point » : la cause de tous ses torts possibles, c'est de s'attribuer une compétence usurpée, en conférant prématurément à ses affirmations fragmentaires une valeur fixe, un sens absolu ; c'est de perdre le sentiment de la relativité, ou, pour mieux dire, de l'inadéquation de ses « vérités » toujours subordonnées à des recherches ultérieures, à des problèmes transcendants. Sans doute le savant a le droit ou même le devoir de maintenir en toute probité la certitude des résultats acquis ; mais de ces résultats mêmes, et de leur emploi moral si l'on peut dire, il n'est pas le seul et vrai juge ; il ne saurait prétendre à décider par lui-même de la manière dont les découvertes, en apparence les plus déconcertantes pour le croyant, peuvent trouver place dans l'édifice uni de la science et de la foi : jamais il n'a le dernier mot sur les problèmes de l'âme ; et ces problèmes, s'il contribue à les poser, d'une façon souvent très stimulante, il ne peut les trancher en dernier ressort ; car, somme toute, son domaine c'est *argumentum apparentium, rerum norma jam datarum*. L'esprit de foi ne saurait être atteint par l'esprit de science. Et c'est finalement l'esprit de foi qui, assimilant ou éliminant les matériaux offerts ou imposés à son jugement, fait tout coopérer à son bien.

2° Toutefois, en insistant sur l'autonomie des deux puissances coordonnées, en montrant la subordination légitime de la science, on ne doit point méconnaître leur inter-dépendance. La foi, sans doute, « est dans le monde comme n'y étant pas » ; mais elle y est cependant : elle trouve ses premiers appuis dans des faits ; par là, elle touche terre ; elle se formule en preuves qui, pour être efficaces, se prêtent aux prises naturelles de la raison ; elle se monnaie elle-même en *asserta* qui, tandis que son objet *in se* est *incomplexum quid*, donnent à ses vérités détachées une expression relative et un vêtement humain ; par son objet secondaire et accidentel, elle s'engrène profondément dans l'ensemble des vérités naturelles. La difficulté la plus grande n'est donc pas de définir *théoriquement* les conditions générales d'une coopération harmonieuse ; c'est de discerner *pratiquement*, en face des conflits particuliers qui surgissent sans cesse, de quel côté l'équilibre est indûment rompu, et comment il doit être rétabli entre la science et la foi, sans qu'on cède jamais à la tentation d'invoquer une commode indépendance des méthodes de l'une et de l'autre. Car, si vicieuse est la science qui contredit formellement la foi, elle n'est pas moins fausse celle qui refuse systématiquement la contradiction et qui, par là, retire à la foi l'aliment humain dont elle a besoin pour s'entretenir vivante dans les esprits.

Un phénoménisme qui prétendrait sauvegarder en même temps la science et la foi ne serait pas moins nuisible à l'une qu'à l'autre. La science doit servir à la foi ; c'est pourquoi elle peut la heurter et lui nuire. Il est donc inévitable que se

produisent des frottements ; mais ces crises elles-
mêmes sont une condition de vitalité et une
double occasion de contrôle. Ne nous laissons
donc pas ébranler dans notre foi par les prétentions prématurées d'une science féconde en hypothèses caduques. Et ne dissimulons jamais non
plus les difficultés sérieuses que les découvertes
assurées de la science peuvent opposer à certaines
représentations figuratives, à certaines effigies
colorées sous lesquelles plus ou moins longtemps
on s'est dépeint les vérités de la foi. Que les progrès de la géologie, ou de la paléontologie, ou des
études préhistoriques, ou de l'assyriologie nous
amènent à porter sur l'antiquité du monde, sur
l'origine des espèces, sur l'âge de l'homme, sur la
chronologie biblique, sur les généalogies patriar-
cales, sur la législation mosaïque, des conclusions
différentes de celles qui avaient cours il y a seulement trente ou quarante ans ; loin de s'en trouver
ébranlée, la foi ne se rend que mieux compte de
l'intime fermeté de sa certitude, de la pureté de
son origine divine, du caractère moral de sa substance, de l'étendue variée de ses appuis naturels.
Dans les sens anciens auxquels elle entend rester
scrupuleusement fidèle, elle voit ainsi apparaître
de mieux en mieux l'intention spirituelle ; elle
n'a jamais à redouter d'être amenée à se contredire, parce que la méthode ascétique qui, dans
l'âme du « juste qui vit de sa foi », comme dans
la Tradition de l'Eglise, a toujours soutenu la
méthode spéculative, est tellement fondée sur l'expérience, sur la raison, sur l'autorité de Dieu, que
les plus grandes rénovations scientifiques laissent
intact l'esprit dont elle s'inspire. C'est quand on
s'imagine que la foi est un catalogue de notions
ou de faits à accepter sur le vu d'une estampille,

qu'on risque de la perdre sous l'influence de ce sophisme de Renan : « On avait raison de ne pas faire de concessions, puisqu'un seul aveu d'erreur ruine l'édifice de la vérité absolue » (*Souvenirs*, p. 292). Car c'est d'une telle servitude qu'il a été dit que « la lettre tue », et c'est d'elle qu'on passe trop facilement à la révolte.

Faut-il cependant parler de compromis, de concessions, de conciliation ? — Non, il n'y a point de concessions à faire. Car le vrai croyant trouve partout un moyen d'enrichir, d'élever, d'affermir sa foi : les apparences de conflit se résolvent donc pour lui dans la disparition de l'idée même d'un antagonisme ; il est à l'épreuve des objections, parce qu'il a en lui ce sens du Christ *qui exsuperat omnem sensum :* il a entendu les paroles de la vie éternelle ; et tous les tumultes du temps ne peuvent qu'en approfondir l'écho en son âme. Il sait gré, sans doute, à la science de provoquer en lui l'effort vivifiant qui, empêchant la stagnation de la pensée et les routines de l'action, l'aide à s'affranchir d'inconscientes étroitesses. Mais la certitude de sa foi, qui ne saurait être diminuée, ne saurait non plus être augmentée, car elle surpasse toute conviction humaine. Et dans ces déclarations solennelles de la Constitution *De Fide*, il sait voir autre chose qu'un abstrait accord de notions ; il y retrouve la plénitude d'une expérience faite et d'une certitude éprouvée : « On ne saurait jamais rencontrer de véritable désaccord entre la foi et la raison, attendu que le Dieu qui révèle les mystères et répand la foi en nous est le même qui a mis la raison dans l'esprit de l'homme, et qu'il est impossible que Dieu se renie lui-même ou qu'une vérité soit jamais contraire à une autre vérité. »

TABLE DES MATIÈRES

2273-06. — Imp. des Orph.-Appr. F. Blétit, 40, rue La Fontaine, Paris.

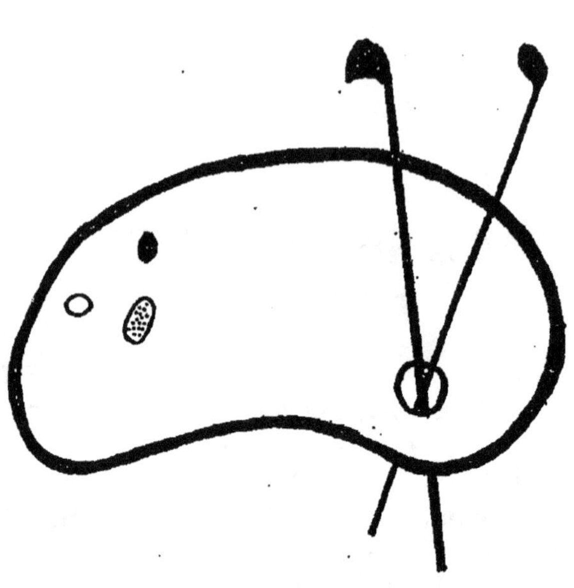

ORIGINAL EN COULEUR
NF Z 43-120-8

www.ingramcontent.com/pod-product-compliance
Lightning Source LLC
Chambersburg PA
CBHW051135050726
47594CB00003B/1105